Den Nachkommen von Maria und Robert Kaiser

Hermann Röhm

Diakonissen-Kaiser

Robert und Maria Kaiser
Herkunft – Leben – Nachkommen

und

Robert Kaiser

Pilgerklänge

© 2018 Hermann Röhm
Fotos: Hanna Dembowski: Grabsteine von Friedrich Fries, Hanna Hoevel, Maria und Robert Kaiser; Ulli Preuss: Luftbild des Diakonischen Werks Bethanien in Solingen-Aufderhöhe, Bethanien Archiv; N.N.: Hanna Hoevel, Bethanien-Archiv; Rest aus Privat-Archiv

Verlag: tredition GmbH, Halenreihe 40 – 44, 22359 Hamburg

ISBN
Paperback   978-3-7469-2410-6
Hardcover   978-3-7469-2411-3
e-Book   978-3-7469-2412-0

Inhaltsverzeichnis

Maria und Robert Kaiser in Kürze

Diakonissen-Kaiser war ein Spitzname des Predigers Robert Kaiser, der zusammen mit seiner Frau Maria ab 1896 in Wetter an der Ruhr eine wichtige Rolle beim Aufbau des Diakonischen Werks Bethanien spielte, das heute in Solingen-Aufderhöhe sitzt. Der Spitzname unterschied ihn von zeitgenössischen Namensvettern, die Lieder-, Sonntagsschul- und Soldaten-Kaiser genannt wurden.

Maria und Robert Kaiser

Maria und Robert Kaiser, meine Großeltern, stammten aus frommen Familien und waren selbst auch fromme evangelische Christen. Robert Kaiser wurde als zweites Kind eines

Müllers am 21.01.1862 geboren und starb am 16.06.1936. Maria Kaiser, geb. Bender, war das erste Kind eines Predigers und lebte vom 09.11.1867 bis 19.11.1932. Sie hatten wenig Interesse an materiellem Wohlstand und lebten mit ihren 12 Kindern oft in kümmerlichen Verhältnissen.

Robert Kaiser wurde zunächst Müller. Zum Leidwesen seiner Eltern übernahm er nicht deren Mahl- und Sägemühle mit angeschlossener Drechslerei, sondern strebte als Missionar nach Ostafrika. Mit knapp 25 Jahren begann er bei der Neukirchener Mission eine vierjährige Missionars-Ausbildung. Danach besuchte er ein halbes Jahr lang das East London Missionary Training Institute in England. Als sich der Beginn der Missionsstätigkeit aus politischen Gründen verzögerte, ging er – um die Wartezeit zu überbrücken –1891 zur Freien evangelischen Gemeinde nach Witten und vertrat deren schwer erkrankten Prediger Friedrich Fries, seinen Onkel. Das war als kurzfristige Übergangslösung geplant, führte aber zu einer lebenslangen Predigertätigkeit, für einige Jahre in Witten und danach bis zu seinem Tod in Wetter an der Ruhr. Dort war er an der Gründung des Diakonissenhauses Bethanien beteiligt und wurde 1897 dessen erster Vorsteher. Dieser Aufgabe widmete er bis 1927 den größten Teil seiner Zeit, unterstützt von seiner Frau. Maria Kaiser sprang zeitweilig als kommissarische Oberin des Diakonissenhauses ein.

Als das Diakonissenhaus 1927 nach Solingen-Aufderhöhe umzog und sein altes Domizil in ein Altenheim umgewandelt wurde, blieben Kaisers in Wetter. Der inzwischen 65jährige Robert Kaiser übernahm die Leitung dieses Altenheims ‚Salem‘ und arbeitete weiter als Prediger der Freien evangelischen Gemeinde und als Vorstandmitglied des Diakonissenhauses, bis er 74jährig Mitte 1936 verschied. Der überraschende Tod seiner Frau im Herbst 1932 vergällten ihm seine letzten Jahre.

Aus dem 1896 gegründeten kleinen Diakonissenhaus in Wetter ist das Diakonische Werk Bethanien in Solingen-Aufderhöhe geworden, eine Organisation des Bundes Freier evangelischer Gemeinden in Deutschland. Im Oktober 2017 beschäftigte es 1840 Mitarbeiter in verschiedenen Sparten.[1]

---

[1] Mitteilung von Otto Imhof, dem derzeitigen Leiter des Diakonischen Werks Bethanien, am 16.10.2017

Robert Kaisers Herkunft und frühe Jahre

Robert Kaiser wurde am 21.01.1862 in Hillesmühle geboren, 5 km westlich von Waldbröl an der heutigen Bundesstraße 478. Seine Eltern Dorothea geb. Fries und <u>Friedrich</u> Ludwig Kaiser waren im Frühjahr 1861 in das kleine Örtchen gezogen, als sein Vater die Leitung der dortigen Mühle am Waldbröl-Bach übernahm. Die Mühle war um 1725 von einem Mann namens Hilles gebaut worden; ihr Name wurde im Laufe der Zeit zur Ortsbezeichnung.

Dorothea und Friedrich Kaiser

Robert Kaisers Eltern stammten aus dem heutigen Landkreis Altenkirchen/Westerwald im Bundesland Rheinland-Pfalz – sein Vater aus Friedewald, seine Mutter aus dem Nachbarort Mauden – etwa 55 km südöstlich von Hillesmühle. Sein Vater Friedrich Kaiser war Müller, wie auch schon sein Großvater Karl August Kaiser und sein Urgroßvater Johann August Kaiser. Die Berufe der Vorfahren mütterlicherseits sind nicht überliefert. Großmutter Marie Luise geb. Imhäuser soll uneheliche Tochter eines Grafen gewesen sein.[2] – Robert Kaisers Mutter Dorothea geb. Fries war die älteste Tochter von Johannetta Catharina geb. Schreiner und Engelbert Fries. Engelbert Fries' Beruf ist nicht überliefert; sein Vater war Zimmermann. Johannetta Catharina Schneiders Vater war Leineweber. Engelbert und Johannetta Catharina Fries übersiedelten im Frühjahr 1861 von Mauden nach Hillesmühle. Sie hatten die dortige Mühle gekauft, die ihr Schwiegersohn Friedrich Kaiser bewirtschaften sollte.

Friedrich Kaiser und Dorothea Fries hatten Weihnachten 1858 im ‚Liese-Haus', dem Wohnsitz der Brauteltern in Mauden, geheiratet und waren danach in die rund 20 km entfernte Freusburger Mühle bei Kirchen an der Sieg gezogen.[3] Im Frühjahr 1861 übersiedelten sie nach Hillesmühle und lebten dort bis zu ihrem Tod. Friedrich Kaiser starb am 18.05.1908, Dorothea Kaiser am 10.08.1911. In Hillesmühle wurden acht ihrer neun Kinder geboren, nach einem bereits als Baby verstorbenen erstgeborenen Mädchen zunächst fünf Söhne und danach 3 Töchter: Robert (1862-1936), Richard (1864-1908), Leopold (1866-1954), Eduard (1869-1928), Emil (1872-1935), Lydia (1874-1912), Emilie (1877-1942) und Martha (1880-1966). Friedrich Kaiser führte die Mahl- und Sägemühle mit angeschlossener Drechselei und Landwirtschaft jahrzehnte-

---

[2] Nach Irene Schröder, Abkömmling von Robert Kaisers Bruder Richard
[3] Vgl. Bussemer, Konr., Friedrich Fries, Ein Lebensbild, Bundes-Verlag, Witten an der Ruhr, 1929, S. 14/15

lang allein, später mit einigen Söhnen. Sie blieb bis zur großen Inflation 1923 in Familienbesitz und ging dann Bankrott.

Hillesmühle um 1913

Einige Familienmitglieder wanderten in die USA aus: zunächst Emil im Jahre 1923, dann Leopold und Richards Witwe Lina 1926 jeweils mit Familie. Aus diesen Hillesmühle-
Emigranten entwickelte sich bis 2017 in Amerika ein Clan
von mehr als 300 Personen. Die Hillesmühle existiert nicht
mehr, in dem heute zu Waldbröl gehörenden Ortsteil Hillesmühle leben aber noch einige Kaiser-Nachfahren.

Robert Kaisers Großeltern Engelberth und Johannetta
Catharina Fries waren fromme evangelische Christen. In ihrem Wohnsitz ‚Liese-Haus' in Mauden fanden christliche
Versammlungen statt. Das missfiel manchen der rund 80
Einwohner von Mauden gründlich und sie freuten sich, als
Familie Fries das Dorf verließ. Die Freude war wohl gegen-
seitig, denn die Fries hielten einige ihrer Mitbürger für sehr
unangenehme Zeitgenossen. Friedrich Fries, der jüngste Sohn
der Familie, berichtete später über den nächsten Nachbarn: er
hatte „ein langes Sünden- und Verbrecherleben hinter sich"

und „einen großen Teil seines Lebens im Zuchthaus gesessen
[...] Er stammte aus einer Familie, die von den Voreltern her
durch Diebstahl, Falschmünzerei usw. ihren Lebensunterhalt
zu erwerben gesucht hatte". Und im „Siegerland und den
Nachbargebieten (blühte) kaum ein Handwerk so wie die
Falschmünzerei [...] man freute sich, als wir gingen, weil man
jetzt die lästigen Mahner los war und wieder machen konnte,
was man wollte. Noch klingt ein drastisches Wort eines
Nachbarn, der seine Freude unmissverständlich äußerte, in
meinen Ohren."[4] Von der Freude der Maudener über den
Wegzug der frommen Fries-Familie hörte ich in Hillesmühle
mehr als 150 Jahre später noch.[5]

Hillesmühle war nur ein Flecken mit wenigen Einwohnern
und hatte keine eigene Schule. Deshalb ging Robert Kaiser
von 1868 bis Ostern 1876 zur Elementar-Schule im etwa 2 km
entfernten Bladersbach. In Waldbröl wurde er 1876 von einem Pastor Hollenberg konfirmiert.[6] Nach 8jährigem Schul-
besuch wurde er in der elterlichen Mahl- und Sägemühle mit
angeschlossener Drechselei zum Müller ausgebildet. Nach
Abschluss der Ausbildung blieb er bis November 1886 im
elterlichen Betrieb, dessen Leitung er nach dem Wunsche seines Vaters übernehmen sollte. Sein Vater hielt ihn unter allen
seinen Söhnen für den geeignetsten Nachfolger, sowohl fach-
lich als auch menschlich.

---

[4] Vgl. Bussemer, Konr., Friedrich Fries, S. 17 – 29
[5] Am 26.08.2015 von Konrad Ossig, Witwer von Bärbel Ossig, einer Uren-
kelin von Robert Kaisers Bruder Leopold.
[6] Waisen- und Missions-Anstalt in Neukirchen, Kr. Moers, Personalblatt
187 von Robert Kaiser

Ob Robert in seiner Zeit als Müller auch etwas mit der Bröltal-Bahn zu tun hatte, ist unklar. Sein Vater, und später sein Bruder Richard, waren zeitweilig Stationsvorsteher von Berkenroth, einem 1870 eröffneten Bahnhof gegenüber der Mühle.[7] Von Friedrich Fries, dem nur 5 Jahre älteren Onkel und Spielkameraden von Robert Kaiser ist bekannt, dass er fasziniert von dem Bähnchen war, auf einen Lokomotivführer-Job spekulierte und aus Begeisterung für die Technik Schmied wurde.[8]

Das Bähnchen fuhr auch nach dem Zweiten Weltkrieg noch eine Zeitlang und ich erinnere mich an eine Fahrt in den späten vierziger Jahren. In den 1950er und 1960er Jahren wurde diese Bahnlinie nach und nach stillgelegt. Ein Teil der Stationsgebäude von Berkenroth steht aber heute noch.

Robert Kaiser hatte während der Erweckungsbewegungen in der Umgebung eine Bekehrung erfahren und war bereits in

---

[7] Vgl. Kaiser, Otto, His Story, First Edition, July 2001, Printed in the United States of America, Appendix A
[8] Vgl. Bussemer, Konr., Friedrich Fries, S. 40

jungen Jahren aktiv in der heimatlichen christlichen Gemeinschaft. Durch seinen nur 5 Jahre älteren Onkel Friedrich Fries, einen jüngeren Bruder seiner Mutter, kam er vermutlich zu dem Plan, Missionar in Ostafrika zu werden. Fries trug sich ebenfalls mit Missionarsplänen, wollte aber nach Java, einer der indonesischen Inseln, die damals zum holländischen Kolonialreich gehörte. Roberts Vater war von den Missionarsplänen seines Sohnes nicht begeistert, sondern sah sich

in eine traurige Lage versetzt wie auch meine liebe Frau. Unseren lieben Robert zu entbehren ist uns gar zu schwer, obwohl ich je noch 3 [Söhne] bei mir habe, sind wir doch im ansehen der Verhältniße ganz abgespannt, mir ganz vorzüglich geht meine ganze Stütze fort [...] er sollte mir nochmal die Augen zu drücken, wenn ich von hier scheide, was ja bald sein kann. Er ist ein Band um alle seine Geschwister, sie trehen sich alle um ihn herum [...] Ob es [...] des Herrn Wille ist, kann ich nicht recht glauben, denn er arbeitet hier auch im Reich Gottes, daß kann man jetzt sehen vor allem nicht allein wir, sondern die ganze Nachbarschaft in Trauer versetzt ist.[9]

Trotz der Bedenken seiner Eltern blieb Robert Kaiser bei seinem Plan. Er verließ die elterliche Mühle und trat mit knapp 25 Jahren am 29.11.1886 als ‚Zögling' in die ‚Waisen- und Missions-Anstalt in Neukirchen, Kr. Moers' [heute Neukirchen-Vluyn, Kreis Wesel. H.R.] ein. Er war bereits mit

---

[9] Friedrich Kaiser in einem Brief vom 14.11.1886 an Friedrich Fries; Weyel, Harmut, Wirkt, solange es Tag ist, Robert Kaiser (1862–1936) Pastor und Diakonissenvater, in Weyel, Hartmut, Zukunft braucht Herkunft, Lebendige Porträts aus der Geschichte und Vorgeschichte der Freien evangelischen Gemeinden, Bundes-Verlag Witten, 2010, Bd. II, S. 148

Amalie Röttgen verlobt, die in Denklingen lebte, etwa 10 km von Hillesmühle entfernt. Diese Verlobung soll bei der Leitung der Waisen- und Missionsanstalt auf Bedenken gestoßen sein, weil man sich dort ungebundene Zöglinge wünschte. Robert Kaiser soll diesen Bedenken entgegengehalten haben, er könne doch seine Verlobung nicht lösen, nur weil er Missionar werden wolle. Über die Meinung Amalies zu den Missionsarsplänen ihres Verlobten gibt es unterschiedliche Überlieferungen: Nach einigen Familienerinnerungen war sie dafür; Hartmut Weyel[10] berichtet, sie sei dagegen gewesen. Jedenfalls verhinderte sie den Besuch der Missionsschule nicht.

Es ist kaum zu klären, ob Robert Kaiser durch seine Übersiedlung nach Neukirchen seine Familie in ernsthafte Probleme gestürzt hat. Sein Vater, der alte Müller, lebte noch 22 Jahre. Die Söhne Richard und Leopold arbeiteten in der Mühle und später auch der Schwiegersohn Paul Bungenberg in der angegliederten Drechselei. Sohn Leopold kümmerte sich um die Landwirtschaft. Die Mühle ging erst in der großen Inflation von 1923 Bankrott – 36 Jahre nachdem Robert Kaiser sich aus ihr zurückgezogen hatte.

In der Missionarsausbildung erwarb Robert auch Grundkenntnisse der Medizin und Geburtshilfe, zuerst bei einem Dr. Härtel aus Vluyn und dann in einem halbjährigen Kurs in London[11]. Nach Familienerinnerungen konnte er später einfache Erkrankungen ganz ordentlich behandeln. Nach gut

---

[10] Weyel, Hartmut, Wirkt, solange es Tag ist, Robert Kaiser (1862-1936), Pastor und Diakonissenvater, S. 148
[11] Kaiser, Robert, Aus der Not geboren, Bericht vom 08.09.1930. Autor und Datum ergeben sich aus dem Text. Bethanien-Archiv im Ordner „Die Anfänge – eine Erinnerung" von Robert Kaiser

vier Jahren verließ er die Waisen- und Missions-Anstalt am 27.12.1890 und setzte die Ausbildung am East London Missionary Training Institute, auch Harley College genannt, fort. Henry Grattan Guinness, ein Spross der irischen Bierbrauerfamilie Guinness, sehr bekannter Autor, Prediger und Missionar, hatte diese Ausbildungsstätte für Missionare 1873 gegründet. Sie bildete im Laufe der Zeit 1330 Missionare für 30 verschiedene Missionsgesellschaften aus.[12] Aus London schrieb Robert Kaiser am 19.03.1891:

> *wir sitzen noch immer auf der Schulbank [...] Schüler im eigentlichen Sinne sind wir nur 6 - 7 Stunden in der Woche, die übrige Zeit Autodidakten oder Evangelisten [...] Außer dem eigentlichen Lernen gibt's hier auch allerlei zu erfahren. Die Arbeit in der Nähschule, an den Seeleuten, sowie an Kellnern, Bäckern, Metzgern und Schneidern deutscher Nationalität bietet uns Gelegenheit, unsere Mängel kennen zu lernen und des Herrn Beistand zu erfahren. [...] So lernten wir auch in der ‚China Inland Mission' eine Körperschaft kennen, die in der Tat betend hinter ihren nun schon über 500 Missionsgeschwistern steht. [...] Über die Heilsarmee möchte ich am liebsten nichts sagen. Sehe ich die guten Kinder mit ihren Schriften durch die Straßen ziehen und allen so freundlich verkündigen das Heil in Christo, so muß ich sie als meine Mitarbeiter schätzen und lieben; eine Versammlung jedoch, der ich vorigen Sonntag zufällig beiwohnte, erregte meinen ganzen Widerwillen. Ein Baseler Bruder, der diese Szene mit mir teilte, sagte: ‚Das gleicht mehr einem Kameledressieren, als wie die Herzen der Sünder zu rühren'. [...] Eine andere*

---

[12] Henry_Grattan_ Guinness, https.//en.wikipedia.org/ wiki/, [Zugriff 16.04.2017]

Arbeit, an deren Spitze Dr. Berwado[13] steht, hat unsere ganze Sympathie. Er ist ein Freund von Hudson Taylor und gedachte mit diesem zu den Heiden zu gehen. Als er nun mit der Botschaft des Evangeliums zu den Heruntergekommensten [...] ging, fiel ihm das traurige Los der armen Kinder aufs Herz, und er gründete ein Waisenhaus, in dem jetzt über 4000 Kinder ihr angenehmes Heim gefunden haben. Sieht man die Stadt überhaupt an, so sieht man mehr Trauriges als Merkwürdiges. Abgesehen von denen, die gleich den Lilien auf dem Felde, weder arbeiten noch spinnen (Matth 7,28b), sondern ein wahres Spatzenleben führen, bietet die arbeitende Klasse überhaupt ein trauriges Bild; geringe Löhne und guter Appetitt nötigen sie, in einer in Deutschland nicht gekannten Zerlumptheit zu erscheinen.[14]

Während er noch in London war und auf seine Entsendung als Missionar ins damalige Deutsch Ost-Afrika wartete, erhielt Robert Kaiser einen Hilferuf aus Witten an der Ruhr. Dort wurde ein Vertreter des schwer erkrankten Friedrich Fries gesucht, Robert Kaisers Onkel und früherer Spielkamerad. Fries war unter der Last seiner Aufgabenfülle als Prediger, Verleger und Schriftleiter zusammengebrochen. Nach Abstimmung mit der Neukirchener Mission kam Robert Kaiser zur Hilfe – wie man glaubte, für eine zeitlich begrenzte Krankheitsvertretung. Das Berufsziel ‚Afrika-Missionar' sah

---

[13] Vermutlich ist Dr. Thomas John Barnado (1845-1905) gemeint, der 112 Waisenhäuser gründete, in denen 60.000 Waisen betreut wurden. Vgl. Thomas_John_ Barnardo, https://en.wikipedia.org/wiki/ und Orphanages, www.illustratedpast.com/england/orphanages.html [Zugriff 29.01.2018]

[14] Weyel, Hartmut, Robert Kaiser (1862-1936), Prediger und Diakonissenvater – Zum 70. Geburtstag, Typoskript o.O. und Datum, S. 8f

man nicht beeinträchtigt; die Aussendung ins heutige Tansania hatte sich sowieso aus nicht mehr bekannten politischen Gründen verzögert. Am 13. Juli 1891 trat Robert Kaiser seinen Dienst in Witten an der Ruhr an. Friedrich Fries schrieb erleichtert:

> *Als Robert Kaiser dann nach Witten kam, lag ich schwer danieder. Es fehlte vollständig die Nachtruhe, dabei zehrte die Sorge um die Arbeit an meinen Kräften. Ich lag im Sessel mit furchtbaren Kopfschmerzen. Da trat er an mich heran, legte mir die Hand auf die Stirn und sagte: ‚Sei zufrieden, ich bin jetzt hier und bleibe, bis du wieder gesund bist'. Von dem Augenblick trat eine Wendung in meinem Zustand ein. Es überkam mich ein Gefühl der Ruhe und Zuversicht, daß ich mich wie ein Kind hinlegen und der Dinge warten konnte, die da kommen sollten. Die Krankheit war gebrochen, und nach wenigen Wochen konnte ich einige Zeit zur Erholung in die Heimat reisen, um dann mit frischer Kraft, nunmehr gemeinsam mit Br. Kaiser, die Arbeit wieder aufzunehmen. [...] Nachdem Bruder Kaiser einige Monate bei uns gewesen war, wurde die Sache von der Gemeinde so geregelt, daß er als ihr Prediger und ich als sein Mitarbeiter bestellt wurde.*[15]

Freie evangelische Gemeinden bestehen aus freiwilligen Mitgliedern, die nach einer aktuellen Satzung bekennen, „dass Jesus Christus (ihr) persönlicher Retter und Herr geworden ist und dass (sie) Vergebung der Sünden empfangen haben. [...] Erwartet wird, dass die Wirkungen dieses Glaubens durch den Heiligen Geist im Leben des Gemeindemit-

---

[15] Bussemer, Konr., Friedrich Fries, S. 183-184

glieds sichtbar werden."[16] Die erste Freie evangelische Gemeinde in Deutschland wurde 1854 in Wuppertal durch den Fabrikanten Hermann Heinrich Grafe gegründet, der sich eine ,Église évangélique libre' in Genf zum Vorbild genommen hatte. 20 Jahre später schlossen sich 24 ähnliche Gemeinden zum Bund Freier evangelischer Gemeinden zusammen. Zu diesem Bund gehören 2017 480 Gemeinden. „Jede Gemeinde ist selbständig und entdeckt und braucht die Begabungen ihrer Mitglieder. Ihre Pastoren und Mitarbeiter beruft sie eigenverantwortlich. Sie finanziert sich durch Spenden und entscheidet alle wichtigen Fragen eigenständig. Die Gemeinde ist der Raum zum persönlichen und gemeinsamen Wachstum. Mit anderen Gemeinden bildet sie einen Bund und teilt mit der weltweiten Christenheit das apostolische Glaubensbekenntnis."[17]

Freie evangelische Gemeinden erheben keine Kirchensteuern, sondern finanzieren ihre Arbeit aus den freiwilligen Spenden ihrer Mitglieder, die in angemessenem Verhältnis zu deren Einkommen stehen sollen. Folglich sind kleine Gemeinden mit armen Mitgliedern in ihren finanziellen Möglichkeiten ziemlich eingeschränkt und können sich auch heute noch manchmal keinen hauptamtlichen Pastor leisten. Nach dem Grundsatz des ,allgemeinen Priestertums' gibt es keine strenge Trennung zwischen Priestern und Laien, so

---

[16] Gemeindeordnung der Freien evangelischen Gemeinde, Verabschiedet durch die BL am 3./4.12.2011, in Witten, Pkt 3.1;
https://www.feg.de/fileadmin/migrated/content_uploads/ Gemeindeordnung_2011.pdf. [Zugriff 22.04.2017]
[17] Hörsting, Ansgar, Bewegt von Gottes Liebe bauen wir lebendige Gemeinden, , FeG Deutschland, Typisch FeG, www.feg.de/index.php?id=7 [Zugriff 08.06.2017]

dass auch Mitglieder ohne formale theologische Ausbildung priesterliche Aufgaben übernehmen dürfen. Für Frauen gilt das allerdings noch nicht sehr lange und möglicherweise auch nicht in jeder der rechtlich selbständigen Gemeinden. In einer dreiteiligen Artikelfolge ‚Predigende Frauen' erklärte ein ungenannter Autor im Jahr 1900, obwohl er eine Anzahl großartiger Predigerinnen erwähnt:

> *Das Weib soll schweigen und nicht über den Mann herrschen, denn das Weib ward an zweiter Stelle geschaffen und betrogen und kam in Übertretung. Es handelt sich also darum, das apostolische Gebot überall stricte und streng da auszuführen, wo das Weib durch sein Thun auch nur den leisesten Anschein erwecken könnte, als ob es über dem Manne stände. – Das originale von Gott verordnete Ur-Verhältnis ist das, dass der Mann vor dem Weibe steht [...] ‚die Welt der Frau ist die an sich hoch-wichtige Welt der Kleinigkeiten!' Ihre Urteilsfähigkeit schwingt sich selten zu einem weiten, klaren, großen Überblick auf, sondern bleibt meist haften an den kleinen Dingen des täglichen Lebens. Der Verstand ist selten das herrschende bei einem Weibe, sondern immerdar das Gefühl, das ja oft fein ist und richtig, aber der Täuschung auch vielfach zugänglicher. Und das ist bei gläubigen Frauen noch mehr oder minder die Naturordnung. Gott bewahre die Gemeinden allesamt vor Schwestern, die das Kommando und das Urteil über Personen und Sachen sich anmaßen möchten, und gebe uns allezeit Männer mit weitem und liebevollem Blick und Verstand, die mit praktischer Kraft gerüstet sind und jeder gefühlvollen Unsicherheit entbehren!*[18]

---

[18] Der Gärtner, 8. Jhrg. Nr. 39, 30. September 1900, S. 306; Nr. 40, 7. Oktober 1900, S. 314; Nr. 41, 14. Oktober 1900, S. 322

Hundert Jahre später, im Juni 2000, erklärte die Bundesleitung des Bundes Freier evangelischer Gemeinden:

Wenn wir das Neue Testament als Ganzes sehen, gibt es gute Gründe dafür, dass Frauen und Männer entsprechend ihren Gaben in der Gemeinde mitarbeiten und sich ergänzen. Und wenn Frauen die Gabe der Seelsorge, der Lehre bzw. Verkündigung und der Leitung von Gott empfangen haben, wird es der Gemeinde zugute kommen, wenn sie ihre Gaben auch im Dienst als Älteste einbringen. Denn Gott gibt dem Glaubenden seine Gaben, damit sie zur Förderung der Gemeinde eingesetzt werden, nicht, damit sie ungenutzt verkümmern. [...] Im Blick auf den Dienst von Frauen als Pastorin sind noch weitere Aspekte zu berücksichtigen. In dieser Frage sind wir in der Bundesleitung unterschiedlicher Meinung und beziehen keine gemeinsame Stellung.[19]

Mit der Bezahlung von Predigern beschäftigte sich G. Nagel im April 1899 in einer Artikelfolge ‚Einiges über den Unterhalt der Verkündiger des Evangeliums':

Es findet sich [...] im Neuen Testament nicht die Spur einer gesetzlichen Vorschrift hinsichtlich des in Rede stehenden Punktes; kein Wort, das einer gesetz- und zwangsmäßigen Verpflichtung für Aufwendungen im Interesse des Reiches Gottes zur Grundlage dienen könnte. Im Gegenteil ist der Grundsatz der gegenseitigen Freiwilligkeit schon bei der ersten Sendung der 70 Jünger durch den Herrn Jesum selber festgestellt: ‚Wo ihr in eine Stadt kommt und sie euch aufnehmen, da esset, was euch vorgetragen wird. ... Bleibet, esset

---

[19] FeG Deutschland, Frauen in der Gemeindeleitung, Juni 2000, www.feg.de/fileadmin/user_ upload/Presse/FeG-Text_2000_ Gemeindeleitung. pdf; [Zugriff 07.06.2016]

und trinket, was sie haben, denn ein Arbeiter ist seines Lohnes wert. (Luk. 10,8.7). Damit ist nun allerdings auch schon vom neutestamentlichen Standpunkt das geistliche Recht der Boten des Evangeliums festgestellt, vom Evangelium sich zu nähren (1. Kor. 9,14), und es ist als selbstverständliche Pflicht der Hörer vorausgesetzt, sich des Unterhalts der ersteren anzunehmen. Aber nicht durch gesetzmäßigen Zwang sollten sie ihren Unterhalt als Lehn- oder Zinsgut beitreiben, sondern derselbe sollte eine Frucht der gegenseitigen, im Evangelium bestehenden inneren Beziehungen sein. [...] Es sind also in der Schrift Rechte und Pflichten in dieser Beziehung unzweideutig und allgemein gültig festgestellt. Wie die Sache im einzelnen Fall geregelt wird, ob der Unterhalt des Predigers auf einen bestimmten jährlichen Betrag normiert ist, oder ob, wie es in der apostolischen Zeit und auch später noch, z. B. bei den Waldensern der Fall war, die Einzelnen in freier und unkontrollirter Weise ihre Gaben geben, kann principiell gleichgiltig sein. Dabei kommen die lokalen Verhältnisse, die Art der Arbeit u. a. in Betracht. Wichtig und notwendig ist nur, dass jede Art von Zwang als dem Evangelium zuwider und ihm unbedingt hinderlich ausgeschlossen bleibt.[20]

1889 hatte Friedrich Fries, Robert Kaisers Onkel und Freund aus Kinderzeiten in Hillesmühle, in Witten die Freie evangelische Gemeinde Witten gegründet, die heute noch existiert. Sie wählte Robert Kaiser am 24. Januar 1892 einstimmig zu ihrem Prediger und er nahm diesen Ruf ‚vorläufig' an, wie er in einem Rundbrief vom 14.03.1892 schrieb.[21]

---

[20] Nagel, G., Einiges über den Unterhalt der Verkündiger des Evangeliums, Der Gärtner, 7. Jhrg. Nr. 16, 16. April 1899, S. 123/124
[21] Weyel, Hartmut, Robert Kaiser (1862-1936), Prediger und Diakonissenvater – Zum 70. Todestag, Typoskript o.O. und Datum, S. 9 f

Diese Aufgabe habe zwar nichts mit seinem eigentlichen Berufsziel Missionar in Afrika zu tun, aber er glaube, Gottes Führung darin zu erkennen. Weil Friedrich Fries' Gesundheit doch noch nicht vollständig wieder hergestellt war, unterstützte Kaiser seinen Onkel in der verlegerischen Arbeit und fühlte sich voll ausgelastet,

> *besonders durch die redaktionelle Arbeit für den ‚Märkischen Evangelisten'. Doch ich habe gerade diesen Teil der Thätigkeit recht lieb gewonnen und bin allemal dankbar, wenn mir der Herr für einen Artikel Gnade und Kraft gegeben hat. Zum andern finde ich das Schreiben sehr fortbildend und möchte deshalb jeden Bruder, der einigermaßen Geist hat, zu seinem eigenen Vorteil bitten, uns je und dann als mal 6 – 8 Heftseiten voll guter evangelisatorischer Schriftgedanken zu schicken. Es brauchen nicht immer Bibelbetrachtungen zu sein, eine gute Geschichte, ein interessantes Gespräch oder eine merkwürdige Bekehrungsgeschichte, alles ist willkommen und dient der Sache unseres Königs. Brüder, es ist wichtig, alle Kräfte dranzusetzen, die uns in den wenigen Tagen unserer Laufbahn zur Verfügung stehen, die Macht der Hölle ist überaus wirksam. Tausende versinken täglich im Schlamm des Unglaubens und reifen für die Verdammnis. Wenn jemals, dann haben wir uns heute zuzurufen: ‚Wirkt solange es Tag ist, es kommt die Nacht, da niemand wirken kann.*[22]

Wenige Monate nach seiner Berufung zum Prediger der Freien evangelischen Gemeinde in Witten heiratete Robert Kaiser seine langjährige Verlobte Amalie Röttgen am 6. Juni 1892. ‚Malchen', inzwischen 28 Jahre alt, stammte aus Dick-

---

[22] Weyel, Hartmut, Robert Kaiser(1862-1936), Prediger und Diakonissenvater – Zum 70. Todestag, Typoskript o.O. und Datum, S. 10

hausen bei Denklingen, gut 10 km nordöstlich von Hillesmühle. Ihre Eltern waren Maria Katharina geb. Kraemer und
Hein Röttgen. Die Ehe währte nur kurz. Malchen steckte sich
bei einem Besuch ihrer Mutter an und starb am 25. September
1892 in Dickhausen an Typhus. Für Robert ein furchtbarer
Schlag.

Der umtriebige Friedrich Fries hatte sich schon einige Zeit
mit Ideen für einen Diakonieverein beschäftigt, der Diakonissen für die Gemeinden des Bundes Freier evangelischer Gemeinden ausbilden und unterhalten sollte. Es gab zwar schon
lange Diakonissenhäuser anderer kirchlicher Organisationen,
aber deren Schwestern waren gelegentlich Regeln unterwor-
fen, die Fries nicht akzeptierte. Er hatte erfahren,

> *daß manche gläubige Schwester sich nicht wohl in ihrer
> Stellung befand, weil sie sich hinsichtlich ihres inneren Le-
> bens durch anstaltliche oder kirchliche Vorgesetzte bedrückt
> und befangen fühlte. Meistens war es den Schwestern verbo-
> ten, die Versammlungen der Gläubigen zu besuchen. Mir ist
> ein Fall bekannt, wo einer lieben Schwester verboten wurde,
> die Versammlungen, die ihr eigener Vater leitete und in der
> sie selber gläubig geworden war, während ihrer Ferien zu be-
> suchen.[23]*

> *Diese und ähnliche Erfahrungen riefen förmlich nach ei-
> nem Diakonissenhaus, in dem die Schwestern ihren Glauben
> frei leben und äußern konnten. Es galt für die gläubigen jun-
> gen Frauen aus den verbundenen Gemeinden und Gemein-*

---

[23] Schwedes, Ernst, Zur Geschichte des Diakonischen Werkes Bethanien
e.V. in: Leben helfen, 1896 – 1996, 100 Jahre Diakonie Bethanien, S. 66

schaften nicht nur eine Stätte für fachliche Ausbildung, son-
dern auch einen Raum für geistliche Zurüstung zu schaffen.[24]

Seine Ideen zur Gründung eines Diakonissenhauses schmiedete Fries zusammen mit Robert Kaiser langsam zu konkreteren Plänen, nachdem dieser in Witten Prediger geworden war.

Robert Kaiser suchte außerdem nach einer neuen Frau und fand sie schließlich in Maria Bender, der ältesten Tochter des Predigers Carl Bender aus Solingen. Nach Familienerinnerungen hatte er Maria Bender auf einem Missionsfest beim Tischdecken beobachtet und sich entschlossen, um ihre Hand anzuhalten.

---

[24] Schwedes, Ernst, Zur Geschichte des Diakonischen Werkes Bethanien e.V. in: Leben helfen, 1896 – 1996, 100 Jahre Diakonie Bethanien, S. 67

Maria Benders Herkunft und junge Jahre

Maria Bender wurde als Tochter des Predigers Carl Bender und seiner Frau Aurelie, geb. Kayser, am 9. November 1867 in Solingen-Merscheid geboren. Ihr Großvater Karl Wilhelm Kayser (1805-1866), Spross einer seit Jahrhunderten in der Solinger Gegend ansässigen Schwertschmiedefamilie, war Landwirt und Maßstabfabrikant. Er war verheiratet mit Amalie Schmachtenberg (1818-1864), Tochter eines Feuerstahlschmiedes, dessen Vater Schulmeister gewesen war. Amalie Schmachtenberg war das jüngste von vier Kindern. Sie besuchte die Schule bis zum zwölften Lebensjahr und wurde dann zu einer nicht näher bekannten Ausbildung nach auswärts geschickt, die sie als furchtbar strapaziös empfand. Danach betreute sie eine gelähmte Schwester ihres späteren Ehemanns.[25]

Karl Wilhelm und Amalie Kayser lebten in recht gesicherten wirtschaftlichen Verhältnissen. Ihr Gut war über 20 Morgen groß, sie hielten „ein Pferd, 3-4 Kühe, 2 Schweine, zwei Ziegen und das übliche Federvieh."[26] sie bauten Roggen, Hafer, Raps, Klee und Kartoffeln an und hatten um die 200 Obstbäume und in guten Jahren 20.000 bis 25.000 Pfund Obst. Das verarbeiteten sie zeitweilig mit anderen in einer Krautsiederei auf ihrem Grundstück, außerdem betrieben sie noch eine Maßstabfabrikation.[27]

---

[25] Kayser, Johanne, Familie Kayser, Bilder und Gestalten aus dem Leben einer deutschen Familie, Herausgegeben von Johanne Kayser, Oskar Günther Verlag, Dresden, o.J., S. 79ff
[26] Kayser, Johanne, Familie Kayser, S. 49
[27] Kayser, Johanne, Familie Kayser, S. 148-160

Kayser Haus in Solingen Merscheid

Karl Wilhelm Kayser hatte sich „nach mancherlei Versuchen der feineren Maßstabfabrikation zugewandt und es darin zu hoher Kunstfertigkeit gebracht".[28] Karl Wilhelm und Amalie Kayser hatten elf Kinder, von denen die ersten drei früh starben. Aurelie (meine Urgroßmutter, H.R.) war das sechste Kind und eine „poetische reich begabte Seele".[29] Die Kinder arbeiteten im elterlichen Haushalt und Betrieb mit.

Vater Karl Wilhelm war von kantiger, weltfremder, schwermütiger Art, während Mutter Amalie eine harmonische, lebensbejahende Art zugesprochen wurde. Alle Familienmitglieder hatten „eine gewisse Unbeugsamkeit und Härte des Charakters". Wie die Eltern so waren auch die Kinder

---

[28] Kayser, Johanne, Familie Kayser, S. 60
[29] Kayser, Johanne, Familie Kayser, S. 92

„unbeugsame Pflichtmenschen. Aber auch ein Zug von einer gewissen Eigengerechtigkeit eignete ihnen, und alle hatten ein ausgeprägtes Standesbewußtsein."[30]

Nach dem frühen Tod von Mutter Amalie im Alter von nur 46 Jahren im Jahre 1864 führten insbesondere die beiden Töchter Emilie und Aurelie den Haushalt.[31] Erfahrung hatten sie schon, denn ihre Mutter hatte bereits gekränkelt, seit sie mit 40 Jahren ihr elftes Kind geboren hatte. Sie hatte auch Jahre vorher schon an einer nicht beachteten Krankheit gelitten, deren Details nicht überliefert sind.[32] Amalie Kayser war eine fromme Frau, die mehr als ihr Mann Kontakte mit anderen frommen Menschen gepflegt hatte, und die Töchter Emilie und Aurelie „pflegten die von der Mutter angeknüpften Verbindungen mit den gläubigen Kreisen"[33] weiter. So lernte Aurelie im Herbst 1865 im heutigen Wuppertal-Vohwinkel auf einer größeren Versammlung ihren späteren Mann, den Prediger Carl Bender kennen und lud ihn in ihr Elternhaus ein.[34]

„Anfang November 1865 verließ Aurelie dann das Vaterhaus, um in Elberfeld bei einer Familie Muthmann auf der Königstraße sich weiterzubilden im Haushalt. Bald aber schon kam ihr das Einsehen, dass sie dort nicht viel lernen konnte, und so kehrte sie nach einigen Wochen wieder ins Vaterhaus zurück, wo ihre Anwesenheit nötiger als je war".[35]

---

[30] Kayser, Johanne, Familie Kayser, S. 95
[31] Vgl. Kayser, Johanne, Familie Kayser, S. 190
[32] Vgl. Kayser, Johanne, Familie Kayser, S. 171
[33] Kayser, Johanne, Familie Kayser, S. 191
[34] Kayser, Johanne, Familie Kayser, S. 191
[35] Kayser, Johanne, Familie Kayser, S. 193

Ihr Vater kränkelte und starb am 9. Juli 1866. Am 3. November 1866 heiratete Aurelie Kayser den Prediger Carl Bender. Zur Hochzeitsfeier in Merscheid kamen 300 Gäste.[36]

Der Prediger Carl Bender wuchs in einem weniger behüteten Umfeld als seine Frau Aurelie Kayser auf. Er wurde am 20. Januar 1838 als erster Sohn des Schneidermeisters Georg Bender (1809-1847) und seiner Frau Juliane Wilhelmine, geb. Haas (1813-1842), in Neuwied geboren. Seine früheren Vofahren waren Handwerker und Bürger von Neuwied und Westerburg. Carl Bender hatte eine schreckliche Kindheit und Jugend. Er war noch keine fünf Jahre alt, als seine Mutter am 06.11.1842 mit knapp 30 Jahren starb. Außer Carl hatte sie noch zwei Töchter. Carls Vater heiratete nach ¾ Jahr im August 1843 seine zweite Frau, Maria Wilhelmine Zorn, und hatte mit ihr noch zwei Kinder. Die starben früh, ebenso wie die beiden Töchter aus erster Ehe, und am 27. Februar 1847 starb auch Carls Vater nach längerer Krankheit mit 38 Jahren, als Carl gerade 9 Jahre alt war. Durch die Krankheit des Vaters war sein Geschäft zugrunde gegangen. Nach der Beerdigung stand seine Witwe mit Stiefsohn Carl mittellos da. Der kleine Carl kam für 4 bis 5 Monate zu seiner Großmutter. Dann starb auch die. Nun wurde er von den Behörden einem Weber übergeben, in dessen Familie schon mehrere Waisenkinder lebten und kräftig mitarbeiten mussten. Immerhin konnte Carl einen primitiven Unterricht in einer lutherischen Gemeindeschule besuchen. Der Umgang mit seiner Stiefmutter wurde ihm aus nicht genannten Gründen verboten. Später erfuhr er, dass man ihr vorwarf, durch einen verheirateten Mann ‚zu Fall gekommen' zu sein. Er sah sie erst nach 17 Jah-

---

[36] Vgl. Kayser, Johanne, Familie Kayser, S. 205

ren wieder. ‚Gefallene Mädchen' und ‚zu Fall gekommene Frauen' wurden verpönten vor- und außerehelichen Geschlechtsverkehrs bezichtigt.

Carl wollte eigentlich Uhrmacher werden, wurde aber wider seinen Willen in eine Schneiderlehre gesteckt und ging nach deren Abschluss nach damaligem Brauch auf Wanderschaft. In deren Verlauf fand er im heutigen Wuppertal-Elberfeld bei einer christlichen Erweckung im Frühjahr 1860 ‚das Heil und den Heiland'. Kurz darauf wurde er für drei Jahre zum Militärdienst in einem Pionierbataillon im heutigen Köln-Deutz eingezogen. Nach dem Ausscheiden aus dem Militär wurde er ‚Sendbote' des Brüdervereins von Elberfeld, eine Art Wanderprediger, und später Prediger an Freien evangelischen Gemeinden. Der Brüderverein war 1850 von dem frommen Fabrikanten Hermann Heinrich Grafe gegründet worden, um die christliche Botschaft zu verbreiten. Grafe war auch der Gründer der ersten Freien evangelischen Gemeinde in Deutschland.

Carl Bender lernte Aurelie Kayser auf einer christlichen Versammlung im heutigen Wuppertal-Vohwinkel kennen. Aurelies Vater, der in gesicherten Verhältnissen lebende Landwirt und Maßstabsfabrikant Karl Wilhelm Kayser, stand der Vermählung seiner Tochter mit dem ziemlich mittellosen Wanderprediger zunächst skeptisch gegenüber und erbat sich Bedenkzeit für seine Zustimmung. Carl Benders Argument, es gebe auf Erden keine absolute Sicherheit und ein reicher Kaufmann könne Pleite gehen, überzeugte den schon kränkelnden Karl Wilhelm Kayser,[37] dessen Geschäfte nicht

---

[37] Vgl. Johanne Kayser, Familie Kayser, S. 194 ff

mehr florierten, und er stimmte der Heirat zu. Er starb bald darauf am 9. Juli 1866 noch vor der Hochzeit seiner Tochter.

Aurelie Kayser

Carl Bender und Aurelie Kayser heirateten am 3. November 1866 in Solingen-Merscheid. Zur Hochzeitsfeier kamen 300 Gäste. Der in frommen, freikirchlich gesinnten Kreisen sehr bekannte Schreinermeister Anton Schmitz aus Köln „hielt eine ernste Ansprache und flehte mit einem inbrünstigen Gebet auf das junge elternlose Paar den Segen Gottes herab".[38] Dieser Schreinermeister Anton Schmitz übte auch großen Einfluss auf Aurelie und Carl Benders späteren Schwiegersohn Robert Kaiser und dessen Onkel Friedrich Fries aus.

Das junge Ehepaar richtete sich zunächst im Elternhaus von Aurelie ein und hatte gleich eine achtjährige Pflegetochter: Klara, Aurelies jüngste Schwester. Aurelie „versorgte weiterhin das Hauswesen, bis eine endgültige Regelung der Erbschafts- und sonstigen Verhältnisse stattfinden konnte."[39]

---

[38] Kayser, Johanne, Familie Kayser, S. 205
[39] Kayser, Johanne, Familie Kayser, S. 206

Mit Aurelies Erbe als Grundstock bauten sich die frisch verheirateten Benders ab Sommer 1867 ein Haus in Solingen-Schlagbaum für 2.800 Thaler, das sie zum Teil durch eine Hypothek finanzierten.[40]

Am 9. Oktober 1867 gebar Aurelie Bender ihr erstes Kind, <u>Maria</u> Karolina, meine Großmutter. Bis zu ihrem frühen Tod am 25. April 1884 bekam sie 7 weitere Kinder, von denen ein Mädchen gleich nach der Geburt und ein anderes nach 18 Monaten an Lungenentzündung starben.

Als Carl Bender im Krieg gegen Frankreich 1870/71 zum Militärdienst eingezogen wurde, brach die finanzielle Versorgung der Familie zusammen. Sie mussten ihr neues Haus mit Verlust verkaufen und lange in schrecklichen Wohnungen leben. Mit unerschütterlichem Gottvertrauen meisterten sie viele Schicksalsschläge, wie Carl Bender in seinen schriftlichen Lebenserinnerungen festgehalten hat. Sie lebten viele Jahre in bedrängender finanzieller Enge, kümmerten sich aber dennoch außer um ihre eigenen 7 Kinder öfter noch um Pflegekinder.

Die schon seit 12 Jahren durch Krankheit geplagte Aurelie Bender starb am 25. April 1884 und hinterließ 6 Kinder: Das jüngste gut 2 Jahre und das älteste, meine Großmutter Maria, nicht einmal 16 Jahre alt. Der Witwer Carl Bender war durch seinen Beruf zu vielen Reisen verpflichtet und heiratete noch im selben Jahr, am 27.12.1884, die Diakonisse Katharina Throm. Die Halbwaisen aus erster Ehe freuten sich über die neue Mutter. Mit ihr hatte Carl Bender noch ein weiteres Kind.

---

[40] Bender, Carl, Erinnerungen, Manuskript, 1909, S. 41

Katharina geb. Throm und Carl Bender

Zur Silberhochzeit mit Katharina verfasste Carl Bender ein langes Gedicht, in dem er seine und seiner Kinder Freude über die neue Frau und Mutter beschreibt:

8.) O schöne Wintersonnenwende!
O schöne Weihnachtszeit alsdann!
Dem Mangel machtet ihr ein Ende,
ein neues Leben fing jetzt an:
Wir hatten eine Mutter wieder,
sie bracht ein liebend Herze mit,
aufs neu erklangen unsere Lieder
und Segen folgte Schritt auf Schritt.[41]

Wegen der jahrelangen Krankheit ihrer Mutter war die erstgeborene Tochter Maria, geboren am 9. November 1867,

---

[41] Bender, Carl, 1906. Maschinenschriftliche Kopie vermutlich von Adolf Kaiser mit dem Titel ‚Unser Großvater Carl Bender hat zu seiner Silbernen Hochzeit folgendes Gedicht verfasst'. Abgeschrieben am 19.11.1983, dem 51. Todestag unserer Mutter! – Der 51. Todestag bezieht sich auf Maria Kaiser geb. Bender.

schon in sehr jungen Jahren in Haushaltarbeiten und Kinderbetreuung einbezogen worden. Bis zu ihrer Bekanntschaft mit Robert Kaiser soll sie meist im elterlichen Haushalt mitgearbeitet haben. Über eine sonstige Berufsausbildung ist nichts bekannt. Robert Kaiser soll bei einem Missionsfest auf sie aufmerksam geworden sein, als sie Tische deckte.

Am 5. Oktober 1893 erfuhr Marias Vater Carl Bender während einer Konferenz in Neukirchen von Robert Kaiser, dass dieser

Neigung zu unserer Tochter Maria habe. Er wünschte uns zu besuchen und mit uns und ihr zu sprechen, fragte: ob sie sonst noch frei sei, was ich wohl glaubte und ihn einlud, zu kommen. Dies geschah am 22. Oktober. Das Resultat der beiderseitigen Unterredung war ihre gegenseitige Verlobung unter elterlicher Zustimmung. Die erste Gattin hatte er nur kurze Zeit besessen, wohl nur ¼ Jahr, sie erkrankte beim Besuch der Mutter an Typhus und starb. Am 28ten Januar 1894 fand die Hochzeit in Witten statt.[42]

Diese Notiz von Maria Benders Vater legt nahe, dass die beiden sich nicht auf eine Ehe verständigt hatten, bevor Robert sich bei Carl Bender erkundigte, ob Maria ‚sonst noch frei sei'. Die Enkel-Generation (also meine Kusinen und ich) weiß nicht, wie die zunächst von Maria vorgebrachten Bedenken einzuschätzen sind, sie sei noch zu jung für eine Ehe. Wurde solch ein Spruch damals von einer christlichen Jungfrau erwartet oder glaubte sie wirklich daran? Robert Kaiser erklärte darauf offenbar überzeugend, mit 26 Jahren sei man

---

[42] Bender, Carl, Erinnerungen, S. 65

nicht mehr zu jung. Gut drei Monate nach dem ersten offizi-ellen Gespräch waren beide verheiratet.

Maria Bender hatte Schweres hinter sich, als sie Robert Kaiser heiratete: Zwei Geschwister gestorben, die Mutter jah-relang schwer krank und mit knapp 40 Jahren gestorben, oft bedrängende finanzielle Verhältnisse. Aber sie hatte auch das unerschütterliche Gottvertrauen ihrer Eltern erlebt. Und die Gedankenwelt und der Werdegang ihres Vaters – vom Schneider zum Geistlichen – glich der ihres zukünftigen Ehemannes, der eine Mühle ausgeschlagen hatte und Predi-ger geworden war.

Ehe von Maria und Robert Kaiser

Maria und Robert Kaiser heirateten am 28. Januar 1894 in Witten an der Ruhr. Das junge Paar blieb zunächst dort, denn Robert war Prediger an der lokalen Freien evangelischen Gemeinde. Am 5. Mai 1897 zogen sie nach Wetter an der Ruhr um, wo Robert Inspektor des Diakonissenhauses Bethanien und auch Prediger der dortigen Freien evangelischen Gemeinde geworden war. Wetter blieb ihr Zuhause bis zu ihrem Tod.

Die Ehe war kinderreich und von dauernder Geldknappheit geprägt und galt dennoch als glücklich. Maria Kaiser war zwischen ihrer Hochzeit am 28.01.1894 und dem 31.08.1908 fast immer schwanger. Sie gebar in diesen 14 ½ Jahren 12 lebende Kinder und hatte eine Totgeburt. Die Mutter soll von dem bereits toten Kind in einer lebensgefährlichen Operation mit großem Blutverlust entbunden worden sein. Sie durfte danach längere Zeit nicht einschlafen, weil man fürchtete, sie werde im Schlaf sterben. Eine Krankenschwester musste sie wach halten und für eine gewisse Zeit durfte niemand sie besuchen. Als ihre Kinder sie schließlich wieder sehen durften, soll sie gesagt haben, die Kinder sähen schlecht aus. Worauf Sohn Friedhelm geantwortet haben soll, sie – die Mutter – solle einmal sehen, wie schrecklich sie selbst aussehe. Aus Trauer um das tot geborene Geschwisterchen sollen die älteren Kinder aus eigenem Antrieb schwarze Kleidung angelegt haben. Genaueres geben die noch vorhandenen Familienerinnerungen nicht her. Meine Kusine Ruthild Höffken hat sogar aus Erzählungen ihrer Schwiegermutter Tabea Höffken geb. Kaiser in Erinnerung, dass Maria Kaiser in 19 Ehejahren

18 Mal schwanger gewesen sei und mehrere Fehlgeburten gehabt habe. Ihr Ehemann – mit medizinischen Grundkenntnissen aus der Missionarsausbildung – habe sie dann getröstet „das dauert keine 20 Jahre so".

Kaiser-Kinder von links nach rechts:
Vorn: Paul, Adolf, Elisabeth, Lydia, Clemen, Dora, Martha;
hinten: Friedhelm, Hermann, Tabea, Maria

Name des Kindes (Rufname fett)	Geboren am/in	Gestorben am/in
Hugo **Hermann**	31.10.1894 Witten	18.03.1915 Combres, Frankreich
Josua **Friedhelm**	26.11.1895 Witten	18.04.1913 Wetter
Maria **Lydia**	18.10.1896 Witten	04.09.1897 Wetter
Elise **Tabea**	23.12.1897 Wetter	13.12.1967 Duisburg
Amalie **Dora**	14.04.1899 Wetter	08.09.1965 Wetter
Theodor **Adolf**	20.11.1900 Wetter	06.12.1984 Remscheid-Lennep
Frieda **Maria** genannt **Mieze**	16.12.1901 Wetter	06.11.1918 Wetter
Friedrich **Paul**	18.01.1903 Wetter	30.12.1984 Niederdres-selndorf
Karoline **Clementine**	20.05.1904 Wetter	05.11.1989 Kassel
Hanna **Martha**	08.07.1905 Wetter	12.01.1987 Wuppertal
Anna **Elisabeth**	13.07.1906 Wetter	28.04.1978 Solingen
Emilie **Lydia**	31.08.1908 Wetter	12.01.1994 Witten

Robert Kaiser hat offenbar die enorme Belastung seiner Frau durch die vielen Geburten nicht gesehen und ernst genommen. Er meinte später auch, dass seine Tochter Dora und ihr Mann „doch recht lange Pausen zwischen den Geburten einlegten, im Gegensatz zu Tante Tabea und Onkel Willi in Duisburg"[43]. Die bemängelten langen Pausen dauerten einmal 22 Monate und zweimal 57 Monate und hatten auch etwas mit schwacher Gesundheit der Mutter zu tun. Die Ausschöpfung des Fortpflanzungstriebes bis an die Grenzen des für die Frau biologisch Möglichen ist 110 Jahre später schwer zu verstehen. War die Motivation blindwütiges Befolgen des alttestamentarischen Gebots „Seid fruchtbar und mehret euch!" oder war es Furcht vor dem Schicksal Onans, der seinen Samen verschwendete und deshalb von Gott vernichtet wurde, oder war es einfach ein uralter Instinkt, in gefährlichen Zeiten möglichst viel Nachwuchs zu machen, um einige durchzubringen? In Ningxia, im Westen Chinas, habe ich solches Verhalten um die Jahrtausendwende erlebt. Dort gab es oft bitter arme muslimische Familien mit 10 bis 14 Kindern. Ein chinesischer Forscher glaubte, solche Kinderzahlen erschienen den Familien wichtig, weil viele Kinder von Krankheit oder der Todesstrafe wegen Rauschgiftschmuggels bedroht seien. (Die berüchtigte chinesische Ein-Kind-Politik galt für Minderheiten nicht!)

Vier der lebend geborenen Kinder von Maria und Robert Kaiser erreichten das Erwachsenenalter nicht. Maria Lydia, die erste Tochter, starb mit knapp 11 Monaten am 04.09.1897 auf dem Arm ihrer Mutter an Keuchhusten. Ihr folgte Fried-

---

[43] Lt. seiner Enkelin Edith Runkel, Tochter von Dora und Gustav Oberhomburg.

helm, der zweite Sohn, am 18. April 1913 nach siebenwöchiger schwerer Krankheit im Alter von 17 Jahren und 5 Monaten. Der vielversprechende Junge besuchte schon eine Ingenieurschule, als ihn eine nicht klar überlieferte Krankheit dahinraffte. Es war von Blutvergiftung die Rede, aber es gab auch Spekulationen über eine andere Krankheit, die mangels finanzieller Möglichkeiten der Eltern nicht von einem Arzt gefunden werden konnte. Friedhelm wurde im Verlauf seines Leidens klar, dass er bald sterben würde. Er ließ sich kurz vor seinem Tode in der heimischen Badewanne von seinem Vater taufen. – Hermann, der erste Sohn, fiel am 18.03.1915 in Frankreich mit 20 ½ Jahren. Der hochbegabte Junge hatte zwei Schulklassen übersprungen und mit 16 Jahren Abitur gemacht. Seine außergewöhnliche Abiturrede wurde in mehreren Zeitungen behandelt. Er studierte danach Philosophie in die Schweiz und kam beim Ausbruch des ersten Weltkrieges nach Deutschland zurück, um Soldat zu werden. Ein Kopfschuss fällte ihn auf der Höhe von Combres (nicht weit von Verdun). In seiner Bibel fand sich von ihm unterstrichen und mit ‚dieses Wort – Felsengrund' kommentiert der Vers Joh. 10, 27-29:

> *Jesus spricht: Meine Schafe hören meine Stimme, und ich kenne sie, und sie folgen mir und ich gebe ihnen das ewige Leben und sie werden nimmermehr umkommen und niemand wird sie mir aus meiner Hand reißen. Der Vater, der sie mir gegeben hat, ist größer denn alles; und niemand kann sie aus meines Vaters Hand reißen.*[44]

---

[44] Der Gärtner, 24. Jhrg., Nr. 18, 2. Mai 1915, S. 144

Hermanns Tod stellte die Familie auf eine schreckliche Nervenprobe, weil sein Schicksal wochenlang unbekannt blieb. Erst ein Brief seines Feldwebels vom 12. April 1915 brachte Klarheit:

Aus ihren werten Zeilen vom 5. April entnehme ich, daß Ihnen das Schreiben der Kompanie vom 24. März mit der Trauernachricht über den Heldentod Ihres Sohnes noch nicht zugegangen ist. Das Schreiben scheint unterwegs verloren gegangen zu sein. – Wertsachen sowie andere von Ihrem Sohn mitgeführte Gegenstände sind der Kompanie bisher nicht zugestellt worden. Es ist anzunehmen, dass die Bergung der Leiche des in der Kompanie sehr beliebt gewesenen Gefallenen noch nicht vorgenommen werden konnte. Nachträglich einlaufende Postsachen gingen unverzüglich an die Absender zurück und wird Ihnen ebenso die Hinterlassenschaft Ihres Sohnes, sobald solche der Kompanie zugestellt wird, schnellstens übermittelt werden. – Ich gestatte mir noch, Ihnen zu dem herben Verlust, der Sie getroffen hat, mein innigstes Beileid auszusprechen und empfehle mich mit vorzüglicher Hochachtung. J. Feldwebel.

Ein Kamerad des Gefallenen schrieb am 15. April 1915:

Sehr geehrter Herr Inspektor! Zu dem schweren Verlust, der Sie und die Ihrigen durch den Heldentod Ihres ältesten Sohnes betroffen hat, spreche ich Ihnen mein innigstes Beileid aus. Heute erfuhr ich erst mit Bestimmtheit die traurige Wahrheit, von der ein Gerücht schon im Feldlazarett zu mir gedrungen war. Ich kann daher eine übernommene Kameradenpflicht erst jetzt erfüllen. Ihr Sohn bat mich nämlich, Ihnen, falls er sterben würde, mitzuteilen, daß er mit der rechten Freudigkeit gestorben sei. Über diese Sterbensfreudigkeit wie überhaupt über das Sterben hat er sehr viel nachgegrübelt: Er war auffallend ernst und hat oft noch spätabends mit seiner Kriegsbibel in einer Ecke gesessen und gebetet. – Ich wußte immer nicht, warum ein solch junger Mensch sich so viel mit dem Sterben beschäftigte; doch als ich selbst am 18. März früh eine Kugel mitbekam, da wurde es mir so recht klar, daß man im Felde jederzeit zum Sterben bereit sein muß, und es freut mich, Ihnen die beruhigende Mitteilung machen zu dürfen, daß Hermann zum Sterben bereit war, als ihn die Kugel traf. – Über seine letzten Stunden und seine Grabstätte kann ich Ihnen leider keine Mitteilungen machen, da ich selbst schon vorher schwer verwundet worden bin; doch geht es mir mit Gottes Hilfe heute schon so gut wieder, daß ich aufstehen und etwas herumlaufen kann. Mit freundlichen Grüßen an Sie und die Ihren verbleibe ich unbekannterweise Ihr W. Lemke.[45]

Ganz kurz vor dem Ende des ersten Weltkrieges raffte dann noch eine Grippe am 06.11.1918 die knapp 17 Jahre alte Maria, genannt Mieze, hinweg. Sie hatte ein Jahr lang in Eisleben in einem Krankenhaus in der Küche gearbeitet, und war gerade nach Hause zurückgekommen. Fünf Tage später wurde sie krank und starb nach weiteren 10 Tagen.[46]

Die anderen Kinder überlebten Maria und Robert Kaiser um Jahrzehnte. Lydia starb als letzte im Jahr 1994.

Außer ihrer eigenen großen Kinderschar hatte Maria Kaiser zeitweise noch mehrere Pflegekinder. Im Frühjahr 1898 nahm sie ein zweijähriges Kind auf, das seine Mutter verlo-

---

[45] Der Gärtner, 24. Jhrg. Nr. 18, 2. Mai 1915, S. 142
[46] Vgl. Der Gärtner, 27. Jhrg., Nr. 51/52, 29. Dezember 1918, S. 222

ren hatte und im September kamen drei Kinder zwischen anderthalb Monaten und drei Jahren dazu. Sie stammten von einem befreundeten Prediger, dessen Frau überraschend gestorben war.[47] Diese zusätzliche Belastung erschien Marias ‚Dienstmädchen' – Haushaltshilfe in der Terminologie von 2017 – nicht tragbar und es stellte die Alternative ‚entweder die Pflegekinder gehen oder ich gehe'. Maria entschied sich für das Bleiben der mutterlosen Kinder. Zeitweise übernahm sie auch die Rolle der Oberin des Diakonissenhauses, als die Amtsinhaberin überraschend ausgeschieden war und nicht gleich eine Nachfolgerin gefunden wurde.

Wenn Maria und Dienstmädchen den Riesenhaushalt nicht allein bewältigen konnten, dann sprangen in Notfällen auch die Diakonissen ein, mit denen Familie Kaiser in einem Haus lebte. Ein großer Garten half bei der Lebensmittelversorgung und diente auch einigen Ziegen als Futterplatz. Von diesen Tieren gab es Milch und gelegentlich Fleisch. Damit sie sich vermehrten, wurden die Töchter mit einer Ziege hin und wieder zur ‚Bockstation' geschickt. Meine Mutter und ihre Schwestern sprachen in meiner Jugend darüber, wie sie in der Nähe der von bocküblichen Düften umwehten Station die Ziege auch mit vereinten Kräften kaum halten konnten. Sie verdächtigten ihren Vater, sich im schwarzen Habit nicht gern mit einer ungestüm zum Bock rennenden Ziege im kleinen Städtchen Wetter sehen lassen zu wollen, weswegen er sie mit diesen Gängen betraut habe. Sie waren davon nicht sehr begeistert, weil es amüsierte Zuschauer gab. Aber an Weigerung war nicht zu denken. Jahrzehnte später lachten sie über diese Erlebnisse.

---

[47] Vgl. Der Gärtner, Nr. 30, 30. Oktober 1898, S. 349

Die Ernährung mit vielfach selbst angebauten Feldfrüchten, die mit Jauche aus dem eigenen Stall gedüngt worden waren, war wahrscheinlich der Grund für häufigen Wurmbefall der Familienmitglieder. Er wurde bekämpft mit Einläufen. Die Befallenen standen in einer Badewanne mit einem Schlauch im Hintern, durch den aus einem hoch gehaltenen Irrigator warmes Salzwasser in den Darm floss. Sie zählten bis 100, dann kam der nächste Patient dran. Anschließend gingen – hoffentlich – ziemlich viele der kleinen weißen Plagegeister mit dem restlichen Darminhalt ab. Dieses Verfahren war wohl Standard zu damaliger Zeit und auch nach dem zweiten Weltkrieg noch in Gebrauch.[48]

Die kleine Freie evangelische Gemeinde Wetter konnte ihren Prediger mit seiner großen Familie nicht üppig versorgen. Wie viel sie ihm zahlte, ist unbekannt. Die Gemeinde hat keine diesbezüglichen Unterlagen[49] und hatte sie vielleicht auch nie. Es soll damals vielerorts üblich gewesen sein, den Prediger mit einem Teil der Kollekte zu entlohnen – möglicherweise ohne Quittung und Verbuchung.[50] Die Dienste bei auswärtigen Gemeinden wurden auch spärlich vergütet. Robert Kaisers älteste Tochter, Tabea, erzählte später, dass der Vater nach einem morgens in Wetter gehaltenen Gottesdienst schnell mit der Eisenbahn nach Witten gefahren und für den dort gehaltenen Gottesdienst mit 75 Pfennig entlohnt worden

---

[48] In der berühmten Casa Mila in Barcelona (gebaut 1906 bis 1910) war in einem Badezimmer 2016 noch ein fest installierter Irrigator neben einer Badewanne zu sehen.
[49] Mitteilung von Marion Lüling von der FeG Wetter vom 06.06.2017
[50] Lt. Adolf Michel und Dr. Erich Höffken, Sept. 2017

sei. Um Fahrgeld zu sparen, sei er dann zu Fuß 6 Kilometer zurück nach Wetter gewandert.[51]

Von der Diakonissen-Anstalt bezog Robert Kaiser in den ersten Jahren seiner Tätigkeit aus eigenem Willen kein Gehalt, obwohl er fast seine ganze Kraft in diese Arbeit steckte. Er hatte aber im Diakonissenhaus eine mietfreie Dienstwohnung, wie er ,im Bericht über das 4. Jahr der Diakonissen-Anstalt Bethanien' erklärte:

> *Da ich nun infolge meiner inneren Führung niemals die Freiheit hatte, für mein und meiner Familie Durchkommen ein festes Gehalt anzunehmen, sondern vielmehr vom Herrn die feste Weisung zu haben glaubte, ohne jede menschliche Zusicherung oder Vermittlung meinen Lebensunterhalt von ihm zu erwarten, war es mir nicht möglich, aus der Diakonissenkasse ein Gehalt zu beanspruchen.*[52]

Wie lange er diese Haltung bewahrte und die kleine Freie evangelische Gemeinde Wetter und vielleicht auch andere Gemeinden, in denen er als Gast-Prediger auftrat, die Diakonie alimentierten, ist unklar. Spätestens im Jahre 1908 bekam er auch Geld vom Diakonie-Verein Bethanien. In einem ,Hauptbuch' sind unter dem 10.12.1908 und dem 26.01.1910 je eine ,Gratifikation' von 500 Mark verbucht.[53] Am 15. Juni 1910 warf ein N.N. (vermutlich Friedrich Fries) die Frage auf,

> *ob wir nicht als Verwaltungsrat die ernstliche Pflicht haben, uns einmal um die Unterhaltsfrage des Bruders [Kaiser;*

---

[51] Lt. Dr. Erich Höffken, Sept. 2017
[52] Der Gärtner, 9. Jhrg. Nr. 4, 27. Januar 1901, S. 29/30
[53] Hauptbuch mit Buchungen vom 01.01.1906 bis 30.06.1913, S. 79 und 112, Bethanien-Archiv

H.R.] zu bekümmern. Es ist doch Tatsache, dass der Bruder mindestens drei Viertel seiner Zeit im Interesse der Anstalt verwendet. Da sollte doch dem entsprechend zu seinem Un-terhalt beigetragen werden. [...] Wie wäre es, wenn wir ihm, außer der freien Wohnung zunächst einmal eine Monatsrate von je Mk 100,00 feststellten mit rückwirkender Kraft vom 1. Januar 1910 ab. [...] Seine Familie zählt doch immer 14 bis 15 Köpfe und da sind die Bedürfnisse nicht wenig. [...] Die von Bruder Kaiser verfassten kleinen Broschüren haben der Anstalt, abgesehen vom indirekten Erfolg, einen Nettogewinn von rund 800,00 Mark eingebracht. Hiervon sollte man ihm auch einen Teil, vielleicht die Hälfte zuweisen.[54]

Der Verwaltungsrat folgte dem Vorschlag rasch. Schon am 30.06.1910 wurde im ‚Hauptbuch' verbucht ‚R. Kaiser, Rück-stellung Gehalt 600' und ab 31.07.1910 gibt es monatliche Ge-haltsbuchungen von 100 Mark.[55] Für die Zeit vom 30.09.1920 bis 26.08.1922 weist ein ‚Journal' monatliche Gehaltszahlun-gen aus, die von 450 auf 2000 Mark stiegen und durch Extra-zahlungen ergänzt wurden[56] – wohl Folge der Inflation nach dem ersten Weltkrieg, die sich zur desaströsen Hyperinflati-on von 1923 steigerte.

Vielfach bezeugt ist, dass Familie Kaiser stets knapp bei Kasse war und der Hausvater dennoch das gütige Durchhel-fen Gottes pries.

---

[54] NN, vermutlich Friedrich Fries, am 15. Juli 1910 an ‚Mein lieber Bruder Millard'. Bethanien-Archiv, Ordner ‚Diakonie Verein Bethanien'
[55] Hauptbuch mit Buchungen vom 01.01.1906 bis 30.06.1913, Bethanien-Archiv
[56] Journal mit Buchungen vom 10.09.1920 bis 31.08.1922; Bethanien-Archiv

Das spartanische Leben in der Familie Kaiser war den Kindern bewusst und belastete sie. Ein Sohn (nach meiner vagen Erinnerung Friedhelm) wird mit der Aussage zitiert „ich werde kein Pastor; solche Armut kann ich einer Frau nicht zumuten." Die Mädchen berichteten später von Kleidern aus einem Stoff und in einheitlichem Schnitt, die einen Milchmann oder Postboten zu der erstaunten Frage brachte „Kriegt ihr die Kleidchens hier geliefert?" Die Mädchen hätten anstatt der uniformen Kleider lieber individuelle gehabt. Tochter Dora neidete der älteren Schwester Tabea deren neue Kleider, die sie später auftragen musste. Dora hatte auch kein Verständnis für des Vaters Gebete, Gott möge ihn vor Reichtum bewahren. Sie sah ihn gar nicht in der Gefahr reich zu werden und sah anderseits, dass der reiche Onkel Hermann Bender große Mittel für religiöse und diakonische Zwecke aufwandte. Mutter Marias Bruder Hermann, der als Fabrikant reich geworden war und sogar ein Auto hatte, bekam von einem kleinen Neffen zu hören „Wenn ich ein so großer Onkel Hermann wäre wie du, dann hätte ich Kaisers Kindern was mitgebracht!" Der kleine Knirps wusste wohl nicht, dass Onkel Hermann öfter was mitbrachte. Auf die Mahnung des kleinen Neffen reagierte er sofort mit zusätzlichen Geschenken für die Kinder seiner Schwester. Eine kleine Fahrt in seinem großen Auto war natürlich ein ganz außergewöhnliches Erlebnis.

Hermann Bender

Ein Schlaglicht auf die finanzielle Situation der Familie und die Kaltblütigkeit des Familienvaters wirft die Geschichte eines nächtlichen Wohnungseinbruchs. Der durch Geräusche aufgeschreckte Robert Kaiser rief den Einbrechern zu: „Wat sökt'r denn?" Antwort der Einbrecher: „Geld!" Darauf Robert Kaiser: „Ihr Dullöster, kütt'r bei d'r Naacht un wollt Geld söken un ich kann am Dag nix finden." (Was sucht ihr denn? / Geld! / Ihr Bekloppten kommt bei Nacht und wollt Geld suchen und ich kann am Tag keins finden.) Daraufhin zogen sich die Einbrecher still und schnell zurück. Robert Kaiser stellte auch mit anderen Sprüchen unter Beweis, dass er auch eine sehr volkstümliche Sprache beherrschte und mit allerlei Volksweisheiten wohl vertraut war. Auch er aß gern, ‚was geschissen und gekotzt' ist, womit Eier und Honig gemeint waren. Und er wusste von Menschen, die anderen gern nachspüren und sie verdächtigen: ‚Es sucht keiner einen hinterm Busch, der nicht selbst schon mal dahinter gesessen hat.'

Trotz der ärmlichen Verhältnisse scheint die Kinderschar recht fröhlich miteinander gelebt zu haben; wenigsten deuteten Jahrzehnte später die Erzählungen darauf hin. Da war von eigentlich verbotenen Ausflügen an die nahe Ruhr die Rede oder von Übungen am Reck, bei denen die Mädchen streng darauf achten mussten, keine Unterwäsche sichtbar werden zu lassen – die Moralvorstellungen frei evangelischer Eltern waren eng. Kleidungsregeln wurden abgeleitet aus dem ersten Brief des Paulus an Timotheus, in dem es heißt, „daß die Weiber in bescheidenem Äußeren mit Schamhaftigkeit und Sittsamkeit sich schmücken, nicht mit Haarflechten und Gold oder Perlen oder kostbarer Kleidung, sondern was Weibern geziemt, die sich zur Gottesfurcht bekennen durch gute Werke."[57]

Vermutlich genügten die Kleidungsstücke, die die kleinen Kaiser-Mädchen in einem Spottlied besangen, diesen Anforderungen:

In Hagen, in Hagen
bei Kaufmann August Sinn,
da kriegt man eine Schürze
für 25 Fürze.

Das Frauenbild von Maria und Robert Kaiser war vermutlich stark von Vorstellungen aus Epheser-, Kolosser- und 1. Timotheus Brief geprägt, die auch der Prediger H. Neviandt vertrat. Der erklärte die Aussage des Apostels Paulus (1. Tim. 2, 15), die Frau ‚wird aber selig werden durch Kinderzeugen so sie bleiben im Glauben und in der Liebe und in der Heiligung samt der Zucht'

ist geradezu eine klassische Stelle für die von Gott gegebene Stellung des Weibes als Mutter, Pflegerin und Erzieherin

---

[57] 1. Timotheus 2,8-10, www.bibel-online.net/buch/elberfelder 1905 /1_timotheus/2/#8

der Kinder. Im Hause ist das Heiligtum der gesegneten aufop-
fernden, mit soviel Selbstverleugnung verbundenen Liebesar-
beit einer gläubigen Frau. Und diesen von Gott angewiesenen
und heiligen Beruf gewissermaßen herunterzusetzen oder zu
vernachlässigen, um ferner liegende, selbsterwählte Aufgaben
in Angriff zu nehmen, ist eine traurige und sündliche Verir-
rung.[58]

Robert Kaisers Erziehungsgrundsätze wurden sehr unterschiedlich überliefert. Tochter Tabea erlebte sie als sehr libe-
ral und dem Motto folgend: ‚Viele Gebote und Verbote schaffen viele Übertretungen'. Sie glaubte, der Vater habe zumindest die Mädchen nie geschlagen. Ihre jüngere Schwester Dora dagegen fand es zeitlebens ungerecht, dass der Vater ihr
eine Tracht Prügel mit einem Wasserschlauch verabreicht
habe, nur weil sie wegen Durchfalls entgegen der Familien-
regel vorzeitig von einer Mahlzeit zur Toilette gerannt war.
Die Erkenntnis vieler Eltern, dass Kinder das Familienleben
ganz unterschiedlich empfinden und darstellen, fasste Robert
Kaiser in dem kurzen Satz zusammen: „Es gerät einem nicht
ein Kind wie das andere".

Die ihren Vater eher kritisch sehende Dora bemängelte
auch, dass die männlichen Nachkommen eine bessere Ausbildung erhielten als die weiblichen. Die Fakten geben ihr
Recht; alle ihre Brüder besuchten höhere Lehranstalten. Die
Kaiser-Mädchen wurden nur auf Volksschulen geschickt und
lediglich die beiden jüngsten absolvierten eine formale Berufsausbildung als Krankenschwester und Buchhändlerin.

---

[58] Über das öffentliche Predigen von Frauen (nach einem Referate des +
Br. H. Neviandt), Der Gärtner, 15. Jhrg. Nr. 38, 23. September 1906, S. 300

Wie der vielbeschäftigte Robert Kaiser mit seinen vielen Kindern kommunizierte, ist nicht mehr bekannt. Ich habe vergessen, ob das von meiner Mutter überlieferte Schweigegebot für die Kinder bei gemeinsamen Mahlzeiten immer galt oder nur, wenn Gäste an den Mahlzeiten teilnahmen. Vielleicht kam es gelegentlich zum Gedankenaustausch bei gemeinsamen Gartenarbeiten oder in der kleinen Werkstatt. Der Kontakt mit der Mutter war wohl einfacher und enger, weil die Kinder natürlich auch zu Hausarbeiten eingespannt wurden. Mutter Maria bekam denn auch mit, dass Töchterchen Martha sich heimlich in der Stadt Bonbons gekauft hatte, und versohlte der Kleinen den Hintern. Die älteren Geschwister reimten daraufhin:

Mattka geht Stadtka
kauft Klümka für Geldka
kriegt Hauka von Mamka auf Fottka.

(Martha geht in die Stadt, kauft Bonbons für Geld, kriegt Schläge von Mama auf den Hintern)

Gegen dieses Spott-Gedicht hatten die Eltern vermutlich nichts einzuwenden, weil es anderen Prassern zur Warnung dienen konnte.

Ob die Eltern Sprüche ihrer Töchter wie „Alter Polakia hat sich gekauft Vogel Canaria. Sollte sich singen ‚Jesus meine Zuversicht', machte immer Piep, piep, piep; hat sich gekostet fuffzig zwei Mark" oder „Stanis niehm, niehm, waacker, waacker! Sonst niehmt Schaffner" mitbekommen haben und wie sie darauf reagiert haben, ist nicht mehr festzustellen. Martha, Elisabeth und Lydia amüsierten sich in den 1950er Jahren über ihre spöttischen Äußerungen über das eigenwillige Deutsch polnischer Arbeiter, die auch vor dem ersten Weltkrieg schon in großer Zahl im Ruhrgebiet lebten und in der Montanindustrie ihr Geld verdienten. Insbesondere die Aufforderung des kleinen Stanislaus durch seine Mutter, an ihrer Brust zu nuckeln, weil es sonst der Schaffner der Straßenbahn täte, scheint mir im sittenstrengen Elternhaus risikoreich gewesen zu sein. Es ist auch nicht mehr zu klären, ob das feministisch angehauchte Gedicht, das die jüngsten Töchter Elisabeth und Lydia in den 1950er Jahren gern zum Besten gaben, den Eltern je zu Ohren gekommen ist und sie genauso amüsiert hat wie spätere Zuhörer.

Gott schuf die Welt vor alten Zeiten,
zuletzt vom Mann ein Exemplar;
doch das schien freilich anzudeuten,
dass Gott schon etwas müde war.
Denn als er sein Geschöpf beäugte,
da fehlte dies und fehlte das,
und an dem ganzen Manne taugte
nur eine einz'ge Rippe was.
Die ward ihm auch herausgenommen
und eine Frau daraus gemacht.
Drum sind wir später zwar gekommen,
jedoch erschaffen mit Bedacht.
Und zu der Frau'n gerechtem Lobe
erkennt man auf den ersten Blick:
Der Mann war nur ein Stück zur Probe,
wir aber sind das Meisterstück.

Der Tenor dieses Gedichtes kollidiert krachend mit der auf der zweiten biblischen Schöpfungsgeschichte (1. Mose 2,4-25) basierenden Auffassung des Wuppertaler Predigers H. Neviandt, einer wichtigen Gestalt im Bund Freier evangelischer

Gemeinden, der Robert Kaiser möglicherweise nicht ganz fern stand. Neviandt legte klar, dass Eva nach Adam erschaffen wurde und als seine Gehilfin nach Gottes Ordnung eine untergeordnete Stellung einnehme. Wegen dieser und wegen des Sündenfalles, bei dem das Weib eine größere Schuld treffe, sollen Frauen auch nicht predigen.[59] Diese Meinung bekräftigte ein Prof. Bettex, der auf Basis vieler Bibelstellen Frauen geringere Geistesgaben als Männern attestierte und sie deshalb vom Predigen ausschließen wollte.[60] Der Gärtner, das Organ der Freien evangelischen Gemeinden mit Friedrich Fries als Chefredakteur, druckte den Beitrag von Bettex als Äußerung eines streitbaren Christen, der auf solidem biblischen Fundament argumentiere. Anderseits waren nach Fries' und Kaisers Meinung Diakonissen nicht nur zur Heilung und Linderung körperlicher Nöte berufen, sondern sollten ausdrücklich ihre Schützlinge auch mit dem Evangelium bekannt machen. Aus heutiger Sicht (2017) ist das ohne eine Art des Predigens nicht leicht vorstellbar. Wie Robert Kaiser das Dilemma löste, ist nicht bekannt. Es ist nicht völlig ausgeschlossen, dass es für ihn gar kein Dilemma war, weil er die Neviandt- und Bettex-Meinungen für unbeachtlich hielt. Kaiser hatte ja eine Missionarsausbildung hinter sich. Meine Großmutter väterlicherseits, Luise Röhm, war zur fraglichen Zeit schon jahrelang als Missionarin in China tätig, wie andere Frauen auch. Sie waren Mitglieder der Deutschen China Allianz Mission, über die Der Gärtner oft wohlwollend berichtete. Als die China-Missionarin Auguste Bender 1897 we-

---

[59] Vgl. Über das öffentliche Predigen der Frauen, Der Gärtner, 15. Jhrg., Nr. 38, 23. September 1906, S. 301

[60] Bettex, Die Stellung des Weibes nach dem Neuen Testamente, Der Gärtner, 21. Jhrg., Nr. 9, 2. März 1913, S. 68f

gen schwerer Krankheit ausfiel, jammerte ihr Mann: „Meine liebe Frau wird hier sehr vermisst. Eine Missionsstation ohne Frau kann nur halbe Arbeit verrichten"[61], denn männliche Missionare fanden damals keinen Zugang zu chinesischen Frauen. Übrigens wurde die strikte ‚die Frau schweige in der Gemeinde'-Position nicht von allen Der Gärtner-Autoren geteilt. Ein F. St. meinte 1912 in einem Beitrag ‚Der Frauen Platz':

Es gibt vielleicht etwas zu engherzige Seelen, die meinen, nur innerhalb des Hauses dürfte ihr [der Frauen, H.R.] Platz sein, und viele starke Frauenherzen, die gleich einer Mirjam und Deborah, gleich einer Phoebe und Priscilla, gleich einer Elisabeth Fry und Amalie Sieveking dem Herrn auch außerhalb des engen häuslichen Kreises dienten, haben sich den Vorwurf gefallen lassen müssen: ‚Warum seid ihr nicht an eurem Platz, innerhalb des Hauses geblieben?' Aber Gottes direkter Ruf ergeht, wie wir aus der Schrift wissen, an manche Frau, hinaus auf einen weiten Raum zu treten, und wenn sie in der Demut bleibt und ihre Arbeit draußen zu des Gekreuzigten Ehre tut, darf sie niemand tadeln, weil Jesus selbst für sie eintritt"; er führt dann fort, dass Paulus selbst, der ja u.a. gefordert hat ‚die Frau schweige in der Gemeinde', Frauen als Helferinnen akzeptiert und gelobt habe: *Die Priscilla aber grüßt er als seine Mitgehülfin gleichfalls die Maria, ‚welche viel Mühe und Arbeit mit uns gehabt hat', wie auch die Tryphäna, die Tryphosa und die Persis, ‚welche in dem Herrn gearbeitet haben. Die Phöbe aber entsendet er mit seinem berühmten Brief; er hat nichts dawider, dass sie außerhalb des Hauses dem Herrn dient, als die erste Missiona-*

---

[61] Bender, Josef, China Bote; Oktober 1897, S. 21

rin, welche übers Meer gefahren ist. Denn auch von dieser *Frauenseele wußte er, dass sie nicht um Menschenlob und Lohn diente, allein zur Ehre des Herrn.*[62]

Es ist auch nicht mehr festzustellen, ob und wie Maria und Robert Kaiser das angeblich aus einem alten pietistischen Gesangbuch stammende Lied beurteilten, an dem sich ihre beiden jüngsten Töchter delektierten und mit dem sie mir klar machten, dass es frömmelnde Schwafler gebe:

Ach, wie schön ist's eingerichtet,
dass man doch die Augenlider
klappen zu kann, auf und nieder.
Ach, wie elend würd' sich's lassen,
wenn man sie mit Händen fassen,
auf und nieder ziehen müsst,
das bedenke, lieber Christ!

Die häufigen Appelle Robert Kaisers an christliche Jungfrauen, den Dienst als Diakonisse auszuüben, blieben bei seinen Töchtern ohne Wirkung. Immerhin wurde die zweitjüngste Krankenschwester – beim Deutschen Roten Kreuz. Was sie dorthin zog, ist nicht mehr bekannt.

Robert Kaisers politisches Ideal waren Gemeinwesen, in denen die Menschen Gottes Geboten folgten. Ob er das am ehesten in christlichen Monarchien gewährleistet sah, ist nicht mehr bekannt. Ich glaubte es als Kind und Jugendlicher auf der Basis von Äußerungen seiner zweitjüngsten Tochter, die ich für eine Royalistin hielt. In einer Betrachtung über Sodom und Gomorra aus dem Jahre 1896 arbeitete Robert Kaiser warnend heraus, was passiert, wenn die Menschen,

---

[62] Der Gärtner, 20. Jhrg., Nr. 46, 17. November 1912, S. 361

wie die wohlhabenden Bewohner von Sodom und Gomorra
in der fruchtbaren Ebene Sidim, sich nicht mehr an göttliche
Gebote halten:

> *wie es so vielfach der Fall ist, so auch hier im Tale Sidim;*
> *die Güte Gottes, der sie ja ihren Wohlstand zu verdanken hat-*
> *ten, hatte sie nicht zur Buße geleitet, auch die gnädige Erret-*
> *tung durch Abraham hatte sie nicht zum Nachdenken ge-*
> *bracht, sie sündigten ununterbrochen darauf los, bis das Maß*
> *voll war und der gnädige Gott nicht mehr ruhig zusehen*
> *konnte. [...] die Gottlosen glauben, es sei alles wohlbestellt.*
> *Die Verstockten gehen den Gerichten Gottes entgegen wie ei-*
> *ne Herde Säue, die mit elenden Eicheln im Schlachthaus ge-*
> *lockt werden. [...] Kein einziger entrann. Kein unbußfertiger*
> *Sünder wird der Strafe Gottes entgehen. [...] Die fruchtbare*
> *Ebene mit ihrem regen Treiben wurde zu einer grausigen*
> *Öde, ein stinkendes, alles Leben dämpfendes Wasser bedeckte*
> *sie. Gottes Mühlen mahlen langsam, mahlen aber trefflich*
> *klein; Was durch Langmut er versäumte, holt durch Schärf er*
> *wieder ein.*[63]

Robert Kaiser kommentierte politische Ereignisse, nicht
selten in Gedichtform, gelegentlich in Der Gärtner, und ver-
maß sie mit seiner biblischen Elle. Von Sozialisten hielt er
nichts, weil sie Gottes Existenz in Frage stellten oder leugne-
ten. Von Kommunisten schon gar nichts, denn ihrem welt-
verbesserndem mörderischen Treiben waren nach dem Ende
des ersten Weltkrieges schon Millionen von Menschen in der
Sowjet-Union zum Opfer gefallen und in China zogen ab Mitte der 1920er Jahre kommunistische Banden mordend und
sengend durchs Land, wie der ‚Gärtner‘ oft berichtete. Den

---

[63] Der Gärtner, 4. Jhrg., Nr. 14, 15. Juli 1896, S. 114 f

ersten Weltkrieg und Deutschlands Niederlage sah er als Strafe Gottes für Völker, die sich nicht mehr von Gottes Geboten leiten lassen hatten. Die dreiste Lüge von der Alleinschuld Deutschlands am Krieg, die die deutsche Regierung im Versailler Friedensvertrag zu unterschreiben gezwungen war, empörte ihn. Er kritisierte, dass die Weimarer Verfassung keinen Bezug auf Gott nehme.

Über Maria Kaisers politische Vorstellungen ist nichts bekannt. Es ist ungewiss, ob sie sich überhaupt für Politik interessierte und an Wahlen beteiligte. Frauenwahlrecht wurde in Deutschland erst Ende 1918 eingeführt, als Maria schon 51 Jahre alt war.

Robert Kaiser pflegte auch in Wetter die Fähigkeiten, die er in jungen Jahren in der väterlichen Mühle mit angegliederter Drechselei und Landwirtschaft erworben hatte. Er gärtnerte und baute sogar Möbel in einer kleinen Werkstatt im Garten des Diakonissenhauses. Eine einfache Bank mit einem Stau-Fach und eine recht kunstvolle Kommode von seiner Hand tun mir im Jahre 2017 noch gute Dienste. Außerdem brachte er seine Gedanken gern in die Form von Reimen. Er gab 1926 eine Sammlung eigener Gedichte unter dem Namen ‚Pilgerklänge' heraus. Auch in Der Gärtner, dem Organ des Bundes Freier evangelischer Gemeinden, veröffentlichte er eine Reihe von Gedichten neben vielen Prosa-Beiträgen über theologische und zeitgenössische Themen. Durch diese Texte kann man heute noch die Grundzüge seines Denkens nachvollziehen. Beiträge seiner Zeitgenossen in Der Gärtner geben einen guten Eindruck von den jeweiligen Zeitumständen und Stimmungen im Land, zumindest in den damaligen freikirchlichen Kreisen.

Der Tod schied Maria und Robert Kaiser am 19. November 1932 nach knapp 38 Ehe-Jahren. Maria war früh am Morgen zur Toilette gegangen. Als sie wieder ins Bett kam, nahm Robert ihre Hand, spürte ihren Puls und merkte plötzlich, wie er aussetzte und nicht wiederkam. Seine Frau war mit knapp 65 Jahren neben ihm gestorben. Er soll darüber fast den Verstand verloren haben. Zu seiner Aufheiterung wurden die sechs und fünf Jahre alten Enkelinnen Hilde und Gertrud Höffken aus Duisburg für einige Wochen nach Wetter geschickt, wo die Töchter Martha und Lydia noch in der elterlichen Wohnung lebten. Lydia, die jüngste, arbeitete im benachbarten Wetter im Bundesverlag und kam von dort auch zum Mittagessen nach Hause. Die drittjüngste Tochter, Martha, führte dem Witwer bis zu seinem Tod am 16. April 1936 den Haushalt.

Der Gärtner widmete Maria Kaiser einen langen Nachruf. Dort heißt es:

In stiller Treue ist sie die nimmermüde Gehilfin ihres Mannes gewesen. 38 Jahre hat sie mit ihm die vielfachen Sorgen und Lasten getragen, ist mit ihm durch gute und böse Tage gepilgert. Ob es sich um die Betreuung der Gemeindemitglieder handelte, oder um die Schwesternschaft 'Bethanien' und zuletzt um die lieben Alten im Haus ‚Salem', immer und überall nahm sie mit ganzem Herzen Anteil, und über den engeren Kreis des eigentlichen Arbeitsfeldes hinaus, auch an dem Ergehen der Bundeswerke, das ihr vom Vaterhaus her ans Herz gewachsen war. Nicht äußerlich sichtbar griff sie ein. Was sie dem Werk war, war sie als treue Beterin, die mit priesterlichem Herzen vor Gott stand und alle Anliegen mit Bitten und Flehen vor ihn brachte. Weil sie glaubte, darum gingen von ihrem Leben ,Ströme lebendigen Wassers aus'. [...] Wie war sie auch dem Diakonissenwerk und den einzelnen Schwestern verbunden! [...] Trotz ihres eigenen großen Haushaltes, bei damals noch vielen kleinen Kindern, die ihrer ganzen Fürsorge bedurften, hatte sie im Anfang noch die Pflichten einer Oberin, bis daß sie abgelöst wurde. Weil sie in der Kraft aus der Höhe wandelte, konnte sie so große Lasten tragen. Sie traute ihrem Herrn alles zu und ist darin nie enttäuscht worden. Ihr war das Wort des Herrn gegenwärtige Wirklichkeit: ,Alle Dinge sind möglich dem, der da glaubt'. Allezeit stand ihr gastfreundliches Haus unseren dienenden Brüdern offen. Sie verstand es, gastfrei zu sein ohne Murren. Nicht wenige Brüderkonferenzen hat sie beherbergt, und wer bei solchen Gelegenheiten der stillen Hausfrau begegnete, und in ihre leuchtenden Augen sah, aus denen der Friede Gottes strahlte, nahm einen stillen Segen mit." Ein großer Trauerzug begleitete sie zum Grab, wo ihr Bruder Hermann Bender ihr nachrief: „*Eins aber ist not! Maria hat das gute Teil erwählt, das soll nicht von ihr genommen werden.*[64]

Robert Kaisers Danksagung lässt ahnen, wie ihn der Tod seiner Frau mitgenommen hat:

Liebe Schwestern, liebe Brüder!
herzlich sei euch Dank gesagt
für den Trost, den ihr als Glieder,
die mitleiden, mir gebracht
in den Tagen tiefster Schmerzen,
die mein Gattenherz empfand
durch die Trennung von dem Herzen,

---

[64] Der Gärtner, 40. Jhrg., Nr. 50, 11. Dezember 1932 S. 796f

das mit mir ihm Ehestand,
seit fast 38 Jahren,
mit mir alles willig trug,
das in Freud, Not und Gefahren
mir und unsern Kindern schlug!
Gern hätt ich ja allen Lieben,
die uns Trost gesagt, geschrieben,
ganz persönlich Dank gesagt.
Aber dazu fehlt derweilen
noch die Stimmung mitzuteilen,
was das Herze durchgemacht.[65]

Robert Kaiser war beim Tod seiner Frau knapp 71 Jahre alt. Er war noch Prediger der Freien evangelischen Gemeinde Wetter und Vorsteher des Altersheims Salem, in dem er auch lebte. Außerdem war er Aufsichtsratsvorsitzender des Bundes-Verlages in Witten, in dem auch Der Gärtner erschien. Diese Aufgaben nahm er bis zu seinem Tode wahr. Für den Gärtner schrieb er eine ganze Reihe Beiträge, meist biblische Betrachtungen. Weil ihn der frühe Tod seiner Frau furchtbar belastete, wurden gelegentlich Enkel, insbesondere Kinder der ältesten Tochter Tabea, zum Opa nach Wetter geschickt. Im riesigen Garten des Altersheims, in der kleinen Werkstatt des Opas und bei ‚Mama Martha', der drittjüngsten Tochter von Maria und Robert Kaiser, die dem Vater den Haushalt führte, fühlten sie sich recht wohl. Der kleine Hermann Höffken, jüngster Sohn der Tochter Tabea, erlebte aber auch Enttäuschungen, wie er später berichtete. Als etwa Dreijähriger arbeitete er mit dem Opa im Garten und erbat sich als Erbe eine kleine Schaufel. Der Opa bat um Bedenkzeit. Später be-

---

[65] Der Gärtner, 40. Jhrg., Nr. 50, 11. Dezember 1932, S. 799

kamen Hermanns ältere Brüder Erich und Ernst die Schaufel und der kleine Hermann war stocksauer. Zum Trost schenkte ihm sein eigener Vater eine kleine Schaufel. Hermanns Schwester Gertrud fand den Opa nett, aber „man musste gehorchen!" Ihr Bruder Erich liebte den Opa, der ihm als Dreieinhalbjährigem im Garten gezeigt hatte, wie man einen Apfelbaum so okuliert, dass er drei verschiedene Fruchtarten trägt. Außerdem hatte er vom Opa eine echte, 30 cm lange Pfeife geschenkt bekommen.

Robert Kaiser als ‚Diakonissenvater' und Prediger

Der frisch verheiratete Robert Kaiser arbeitete neben seinem Predigeramt mit Friedrich Fries, seinem Onkel und Spielkameraden aus Hillesmühle-Tagen, weiter an Ideen für einen Diakonieverein. Auch Carl Bender, Robert Kaisers Schwiegervater, beteiligte sich an diesen Überlegungen. In einer Zeit, „die geprägt war von großer Not in den Familien und bei kranken und alten Menschen und durch fehlende gesundheitliche Fürsorge des Staates" erkannten sie – wie andere auch – „den Auftrag, im Sinne Jesu zu lehren, zu helfen und zu heilen".[66] Dazu wollten sie Diakonissen ausbilden und einsetzen, die den Bedürftigen beistehen sollten. Als Vorbilder dienten ihnen das von Theodor Fliedner ab 1836 aufgebaute Kaiserswerther Diakonissenmutterhaus und das 1854 von Wilhelm Löhe in Neuendettelsau gegründete Diakonissenhaus. Die Diakonissenanstalt Kaiserswerth hatte am 1. März 1896 bereits 728 Diakonissen, 220 Probeschwestern und 12 Diakonissenschülerinnen. Sie waren außer im Mutterhaus auf 238 Arbeitsfeldern tätig, 32 von ihnen sogar auf 6 Arbeitsfeldern im Ausland.[67] Fliedner hatte sich vorgenommen, die desolaten Verhältnisse in der Kranken- und Altenpflege zu verbessern, indem er zu diesem Zweck ausgebildete Frauen einsetzte. Sie sollten an die Stelle der ungelernten ‚Wärter/innen' treten, die mehr schlecht als recht Kranke betreuten und sich nicht selten aus Säufern und Prostituierten rekrutierten, die hauptsächlich um des Geld-

---

[66] Leben helfen, 1896-1996: 100 Jahre Bethanien, S. 60
[67] Vgl. Der Gärtner, 4. Jhrg., Nr. 20, 15.10.1896, S. 159

verdienens tätig wurden. Die Fliedner'schen Diakonissen waren dagegen unverheiratete Frauen, die von christlicher Nächstenliebe motiviert und in Krankenpflege und anderen sozialen Fertigkeiten ausgebildet waren. Sie sollten den sozialen Status der Bürgerfrau haben, der sich in ihrer Kleidung widerspiegelte, die der damaligen Kleidung verheirateter Bürgerfrauen ähnelte: Auch sie trugen eine Haube. Das „Mutterhaus" wurde die Heimat der Diakonissen, wo sie in Gemeinschaft Gleichgesinnter lebten, wenn sie nicht in Außenstellen arbeiteten. Das Mutterhaus gab ihnen auch soziale Sicherheit im Alter oder bei Krankheit – ein wichtiger Aspekt in einer Zeit, in der der Staat nicht dafür sorgte. Die Diakonissen bekamen weder Lohn noch Gehalt, sondern ein bescheidenes Taschengeld. Es galt das Motto „Mein Lohn ist, dass ich dienen darf."

Das, was durch Fliedner mit der Gründung seiner Diakonissenanstalt begann, […] hatte im 19. Jahrhundert noch eine andere epochemachende Bedeutung. Es ging um die Reform der Krankenpflege und um die neue, öffentliche Arbeit in Verbindung mit der Rolle der Frau. [… Fliedner] entwickelte eine qualifizierte Krankenpflegeausbildung mit hohen ethischen Ansprüchen. Andere Krankenpflegevereine folgten seinem Beispiel. Fliedner stärkte durch die Arbeit mit Diakonissen zum einen das öffentliche Berufsbild der Frau als Krankenpflegerin. Zum anderen handelten die Diakonissen – für die Öffentlichkeit erkennbar – nicht in einem beliebigen humanistischen Interesse, sondern im Auftrag Gottes." In Fries' und Kaisers Bethanien fing alles sehr bescheiden an: „Es ging einerseits um die pflegerische Betreuung in den Häusern und Wohnungen der bisher so schlecht versorgten Kranken und andererseits darum, gläubigen jungen Frauen, eine Tätigkeit im Dienste der Nächstenliebe durch ein Mutterhaus als einem Ort der Sammlung und Sendung zu ermöglichen. Verbunden mit diesem Anliegen war der Wunsch, Kranke und deren Familienangehörige auf Christus aufmerksam zu machen.[68]

Am 26.02.1896 schlug Friedrich Fries auf Drängen von Robert Kaiser einem Leitungsgremium des Bundes Freier evangelischer Gemeinden vor, „in Wetter ein Heim für angehende Diakonissen zu gründen, ferner in Vluyn [...] ein Erholungsheim für erholungsbedürftige Leute zu eröffnen."[69] Der Vorschlag wurde weiter verfolgt und eine Bundeskonferenz der vereinigten Freien evangelischen Gemeinden Westdeutschlands erkannte in Essen am 4. Juni 1896 „die Notwendigkeit dieser Arbeit an und erklärte sich gegen eine Minorität von einer Stimme dafür, die Diakonissenarbeit insoweit als Bundessache zu betrachten, als derselben im Bunde allgemeine Sympathie und Unterstützung entgegengebracht werden solle. Es meldeten sich sofort viele der Anwesenden als Mitglieder der zu bildenden Genossenschaft; weitere Anmeldungen werden in nächster Zeit erwartet, sodaß voraussichtlich recht bald eine Generalversammlung einberufen und zur Bildung einer Genossenschaft geschritten werden kann."[70]

Schon gut 6 Wochen später fand in Witten am 19. Juli 1896 die Versammlung zur Bildung eines Diakonievereins statt. Robert Kaiser eröffnete sie mit einer Ansprache über die Verse 1 und 2 des 16. Kapitels des Briefes des Paulus an die Römer. Dort heißt es: „Ich empfehle euch aber unsere Schwester

---

[68] Schwedes, Ernst, Zur Geschichte des Diakonischen Werkes Bethanien e.V., in: leben helfen, 1896 – 1996: 100 Jahre Bethanien, S. 66
[69] leben helfen, 1896 – 1996: 100 Jahre Bethanien, S. 62
[70] Der Gärtner, Nr. 12, 15. Juni 1896, S. 95

Phöbe, welche ist im Dienste der Gemeinde Kenchreä, dass ihr sie aufnehmet in dem Herrn, wie sich's geziemt den Heiligen, und tut ihr Beistand in allem Geschäfte, darin sie euer bedarf; denn sie hat auch vielen Beistand getan, auch mir selbst." Nach Beratung und Verabschiedung einer Satzung der Genossenschaft Diakonie-Verein Bethanien mit anfänglich 45 Genossen wurde ein neunköpfiger Aufsichtsrat gewählt, nämlich

1. Prediger Friedrich Koch aus Barmen, einer der führenden Männer des Bundes Freier evangelischer Gemeinden
2. Prediger Friedrich Sprenger aus Mülheim am Rhein
3. Stadtmissionar G. Ischebeck aus Düsseldorf
4. Prediger J. Millard aus Wesel
5. Prediger Otto Heyenbruch II aus Vohwinkel
6. Kaufmann Casp. vom Hagen aus Schwelm
7. Kaufmann Hermann Bender aus Schalksmühle, ein Schwager Robert Kaisers
8. Vereinssekretär Rich. Schmitz aus Elberfeld, ein Mitarbeiter des Brüdervereins und in dieser Funktion Untergebener Friedrich Kochs
9. Buchhändler E. Ostermoor, Witten, ein Mitarbeiter von Friedrich Fries.

Der Aufsichtsrat ernannte wenige Tage später die laut Statut mindestens drei notwendigen Vorstandsmitglieder: Prediger Carl Bender aus Schalksmühle, Prediger Robert Kaiser aus Witten und Prediger Friedrich Fries aus Wetter an der

Ruhr.[71] (So waren vier meiner Verwandten an der Gründung des Diakonissenvereins Bethanien beteiligt: mein Urgroßvater Carl Bender, mein Großvater Robert Kaiser, mein Urgroßonkel Friedrich Fries und mein Großonkel Hermann Bender. H.R.) Friedrich Fries verkündete am 23. Juli 1896: „So steht denn dem Beginn der Arbeit nun nichts Besonderes mehr im Wege. Eine schöne Anzahl Brüder und Schwestern haben ihren Beitritt zur Genossenschaft erklärt, sodaß auch die Mittel zu einem recht bescheidenen Anfang vorhanden sind. Es ist freilich noch viel Raum da, sodaß Beitrittserklärungen jederzeit willkommen sind. Auch freiwillige Beiträge solcher Geschwister, die aus irgend einem Grunde der Genossenschaft nicht beitreten können oder wollen, werden dankbar entgegen genommen."[72]

Jetzt galt es junge Frauen einzustellen, die als Diakonissen eingesetzt oder zu solchen ausgebildet werden konnten. Sie sollten in der Regel zwischen 18 und 34 Jahre alte Jungfrauen oder Witwen sein, die an den Herrn Jesum glaubten und eine Berufung zum Dienst verspürten. „Beweggrund zur Anmeldung soll die Überzeugung sein, dass der Herr es ist, der zu diesem Dienst beruft. Beweggrund soll daher z.B. nicht sein der Wunsch, sich unangenehmen Verhältnissen zu entziehen; der Umstand, daß einem ein Lieblingswunsch versagt blieb; die Hoffnung, vor gewissen Gefahren geschützt zu sein; die Absicht, eine Versorgung fürs Alter zu bekommen; endlich auch nicht die Meinung, man könne in diesem Beruf dem

---

[71] Der Gärtner, Nr. 15., 1. August 1896, S. 116 und 75 Jahre Diakonisches Werk Bethanien Solingen-Aufderhöhe, Diakonie Verein Bethanien e.V., 565 Solingen 11 (Aufderhöhe), o.J., S. 11
[72] Der Gärtner, 4. Jhrg., Nr. 15., 1. August 1896, S. 116

Herrn leichter und besser dienen, als in irgend einem anderen." Als wichtigste Vorbedingungen zu einer Einstellung wurden genannt: „eine gute Gesundheit und kräftige Körperbeschaffenheit, ein gut auffassender Verstand und ein bildsamer, beweglicher Geist, Dienstwilligkeit und Barmherzigkeit, Willigkeit zur Selbstzucht und Selbstverleugnung." Es wurde erwartet, dass die angehenden Schwestern beim Eintritt ins Diakonissenhaus ihre Ausrüstung selbst mitbrachten, sofern sie finanziell dazu in der Lage waren. Sie sollten in der Regel eine Probezeit von drei Jahren durchlaufen. Im ersten Jahr ihrer Zugehörigkeit gab es in der Regel kein Taschengeld, danach gestaffelt wenig.[73]

Am 01.12.1896 wurde das Diakonissenhaus Bethanien in Wetter/Ruhr mit 6 Diakonissen offiziell eröffnet. Zwei von ihnen waren allerdings noch andernorts beruflich gebunden. Es gab eine Oberin, eine ausgebildete Kinderkrankenschwester und 4 Schülerinnen. Zum Glück gab es unter den weiteren Interessentinnen „auch solche, die sich in der einen oder anderen Art bereits in der Arbeit bewährt haben, sodaß wir schon recht bald in der Lage sein werden, im Bedürfnisfalle mit Privatpflegerinnen dienen zu können." Bei der Einrichtung des neuen Diakonissenheimes hatte den Vorstand besonders der Gedanke geleitet, „den Schwestern, die ja in der Arbeit mancherlei Entbehrungen zu erdulden haben, ein angenehmes Heim zu bieten". Aus Geldmangel konnte zwar nicht alles Wünschenswerte realisiert werden, dennoch fanden „unsere Schwestern, auch diejenigen, die in größeren

---

[73] Vgl. Ordnungen des Diakonie-Vereins Bethanien zu Wetter a. d. Ruhr, 1901. Buchdruckerei der Stadtmission in Witten, Bethanien-Archiv

Anstalten ihre Ausbildung empfangen haben, ihr Heim recht angenehm". Gegen Ende des Vorstandsberichtes über die Einweihung des neuen Diakonissenhauses werden säumige Vereinsmitglieder gebeten, zugesagte Beiträge bald einzuzahlen. Und in derselben Ausgabe von Der Gärtner, in dem der Vorstandbericht veröffentlicht wurde, findet sich folgende Anzeige: „Für die Diakonissensache wurden uns zwei Siegesthaler 1871 zum Geschenk gemacht. Sollte jemand unter unseren Lesern einen derselben oder alle beide für einen annehmbaren Preis erwerben wollen, so wären wir sehr dankbar. Angebote nimmt entgegen die Oberin Schw. Lina Löhe, ‚Bethanien' zu Wetter an der Ruhr".[74]

Die konkreten Lebensbedingungen der ersten Schwestern beschrieb Elisabeth Werner, die am 16.11.1896 etwa 20-jährig als dritte Schwester nach Wetter gekommen war, so:

Schwester Lina Löhe und Johanne Assmus waren einige Tage vor mir eingetreten […] Beide Schwestern holten mich am Bahnhof ab, und dann ging es ins Diakonissenhaus. Dort war es nicht nur einfach, nein, direkt ärmlich […] Schwester Lina, die Oberin, hatte ihre eigenen Möbel mitgebracht, für uns Beiden, Schw. Johanna und mich, war ein zweischläfriges Bett da, das wir zusammen benutzten. In der Küche stand ein Herd, der aus Witten aus einem alten Eisen- und Schrottlager stammte, das sah man ihm noch lange an, trotzdem wir mit Schmirgeln ihm täglich ein besseres Aussehen verschafften, was uns mit großer Mühe einigermaßen gelang. Für die ersten Tassen hatte die liebe Frau Mähler gesorgt, ebenso für einige Bestecke, alles gebrauchte Sachen, aber mit Liebe gegeben. Das Kaffeekännchen, hier und da abgestoßen und ohne

---

[74] Der Gärtner, 4. Jhrg., Nr. 24, 15.12.1896, S. 190-192

Deckel, spendete Frau Fries. Wie freuten wir drei uns, daß diese Sachen schon da waren. Auch hatte Frau Fries schon nett für uns gesorgt, indem sie Preißelbeeren, Sauerkraut und etwas Bohnen für uns eingemacht hatte. Bald wurde auch ein Kistchen Porzellan von Kaufmann Peter Haarhaus aus Witten geschenkt, wie dankbar waren wir dafür [...] Das Gastzimmer des Hauses war möbliert mit einem Bett und einem Stuhl, kam ein Gast, so stellten wir das Waschbecken auf den Stuhl und hingen ein Handtuch über die Lehne. Die Seife kam auf eine Untertasse neben das Becken. [...] In der Waschküche gab es keine Waschmaschine und kein Waschbrett, erst recht keine Wringmaschine, auch fehlte uns die Bleiche. Deshalb fuhren wir die Wäsche zur Ruhr, das Wägelchen dazu mussten wir uns aber erst leihen, dann bleichten wir die Wäsche und spülten sie in der Ruhr auf.[75]

Neben der Mittelknappheit belastete ein rechtliches Problem den Beginn der Arbeit des Diakonie-Vereins Bethanien. Das Amtsgericht lehnte die Eintragung der Genossenschaft ab, „weil dieselbe ausgesprochenermaßen sich in Werken der Barmherzigkeit übe, aber nicht die Vermögensverhältnisse der Mitglieder zu bessern suche." Höhere Gerichte bestätigten diese Einschätzung später. So musste gleich nach einer neuen Organisationsform gesucht werden.

Das neue Bürgerliche Gesetzbuch, welches bekanntlich im Jahre 1900 in Kraft tritt, hat die Eintragung solcher Vereine, welche humanen Zwecken dienen, vorgesehen. Gelegentlich der Eröffnung unserer Anstalt übertrug der Aufsichtsrat für

---

[75] Aus den Erinnerungen von Schwester Elisabeth Werner, Typoskript, das lt. Text 1936 aus Anlass des 40. Jubiläums entstand. Bethanien-Archiv, Ordner „Die Anfänge – eine Erinnerung"

den Fall der endgültigen Ablehnung durch das Gericht einer Kommission die Umgestaltung des Statuts nach Maßgabe des Bürgerlichen Gesetzbuches. Letzteres ist nun geschehen [...] Unsere Arbeit, welche, wenn auch in bescheidenem Umfang begonnen hat, erleidet hierdurch selbstredend keinerlei Störung. Unsere Schwestern bekommen regelmäßig Unterricht und üben täglich in praktischer Arbeit der Krankenpflege. [...] Zugleich teilen wir noch mit, daß wir gerne bereit sind, auch auswärts Pflegen zu übernehmen. Man wende sich dieserhalb an die Oberin Schwester Lina Löhe [...][76]*

Schon einen Monat früher war in der Publikation ‚Der Gärtner' für Erholungsbedürftige und Rekonvaleszenten im Diakonissenheim gegen mäßige Vergütung ein angenehmer Aufenthaltsort angeboten worden.[77] Die Gruppe von Privatleuten, die hinter dem rechtlich noch gar nicht existierenden Diakonie-Verein Bethanien stand, bewies Mut und Durchhaltewillen.

Die Hoffnung von Fries, Bender und Kaiser auf breite Unterstützung auch durch die Leitung des Bundes Freier evangelischer Gemeinden war schnell dahin. Ausgerechnet der Bundesvorsitzende Friedrich Koch, der am 19.06.1896 zum Vorsitzenden des Bethanien Verwaltungsrates gewählt worden war, sabotierte das Vorhaben. Er und der sehr einflussreiche Elberfelder Prediger Heinrich Neviandt „wollten, dass die Diakonissen ins Kaiserswerther Mutterhaus eintraten." Der von Fries & Genossen initiierte Diakonieverein sollte als **Privatsache** angesehen werden, der die Sympathie des Bun-

---

[76] Der Gärtner, Nr. 6, 15. März 1897, S. 48
[77] Vgl. Der Gärtner, Nr. 4, 15. Februar 1897, S. 32

des bewahrt werden solle.[78] Auf der Bundeskonferenz der vereinigten Freien evangelischen Gemeinden Westdeutschlands hatte es dagegen am 04.06.1896 noch geheißen, die Diakonissenarbeit „insoweit als **Bundessache** zu betrachten, als derselben im Bunde allgemeine Sympathie und Unterstützung entgegengebracht werden solle" (Siehe oben S. 66, Hervorhebungen von H.R.)

Am 19.04.1897, dem zweiten Ostertag, gab es eine neue Konstituierung des tatsächlich bereits seit über einem halben Jahr aktiven Diakonievereins Bethanien. Eine revidierte Satzung[79] wurde verabschiedet und 9 Vorstandsmitglieder wurden gewählt, 6 Prediger und 3 Männer aus der Wirtschaft:

1. Prediger Millard in Wesel
2. Prediger Schopf in Wattenscheid
3. Prediger Schmitz in Witten
4. Buchhändler Ostermoor in Witten
5. Fabrikant H. Jäger, Schalksmühle

---

[78] Leben helfen, 1896 – 1996, 100 Jahre Bethanien, S. 70/71
[79] Satzungen des Diakonie Vereins Bethanien zu Wetter a.d. Ruhr begründet am 19.04.1897, handschriftliche Abschrift. Bethanien-Archiv. – Diese Satzung war im Vorgriff auf das erst am 01.01.1900 in Kraft tretende neue Bürgerliche Gesetzbuch formuliert. Mit ihr konnte der Diakonieverein Bethanien deshalb auch noch nicht gleich ins Vereinsregister eingetragen und juristische Person werden. Sie unterschied sich noch von der schließlich am 09.09.1900 beschlossenen und am 09.08.1901 als Nr. 10 im Vereinsregister des Amtsgerichts Hagen eingetragenen. Nach der Satzung vom 19.04.1897 konnten gläubige Christen über 18 Jahre dem Diakonie-Verein beitreten. Zur Finanzierung der Ausgaben sollten sie mindestens einen unverzinslichen Schuldschein über 10 Mark erwerben und einen Jahresbeitrag von einer Mark leisten.

6. Kaufmann G. Gantenberg, Velbert
7. Prediger C. Bender, Schalksmühle
8. Prediger R. Kaiser, Wetter a. d. Ruhr
9. Prediger Fr. Fries, Witten

Prediger Friedrich Fries wurde Vorsitzender dieses Vorstands, Prediger Millard sein Stellvertreter und Prediger Robert Kaiser Vorsteher der ‚Anstalt‘, womit das Diakonissenhaus gemeint war. Er zog am 5. Mai 1897 von Witten nach Wetter um.[80] Er wohnte mit seiner Familie und den Diakonissen in einem von Friedrich Fries 1894 auf eigenes Risiko ohne Eigenkapital mit geliehenen 30.000 Mark erbauten Haus, in dem auch die Versammlungen der jungen Freien evangelischen Gemeinde von Wetter stattfanden. Fries hatte das Haus so geplant, dass es zu einem beim Bau noch unbestimmten Zeitpunkt als Diakonissen-Mutterhaus gebraucht werden konnte. Robert Kaiser unterrichtete die Diakonissen in biblischen und den medizinischen Fächern Anatomie und Physiologie – er hatte ja in seiner Vorbereitung auf eine Missionarstätigkeit in Afrika eine medizinische Grundausbildung erhalten. Außerdem war er Prediger der Freien evangelischen Gemeinde Wetter. Sein Amt des Vorstehers oder Inspektors des Diakonissenhauses brachte ihm bald den Spitznamen ‚Diakonissen-Kaiser‘ ein, mit dem er leicht von Namensvettern zu unterscheiden war, die ‚Lieder-Kaiser‘[81], ‚Sonntags-

---

[80] Vgl. Der Gärtner, Nr. 13., 1. Juli 1897, S. 104
[81] Peter Wilhelm Kaiser (1827 bis 1908), vgl. Vortrag in der Freien ev. Gemeinde Lüdenscheid, Börsenstr. am 14. Mai 2017 ("Tag der FeG-Geschichte" und Verleihung des Neviandt-Preises an Dr. Wolfgang Dietrich, Unna): "Erweckung und Erbauung" - zur "Sauerländischen Erweckungsbewegung" in Beispielen aus dem Gebiet des heutigen Märkischen

schul-Kaiser'[82] und ‚Soldaten-Kaiser'[83] genannt wurden. Außer ‚Diakonissen-Kaiser' wurde auch die Bezeichnung ‚Diakonissenvater' bald populär.

Die ersten Diakonissen mit Robert Kaiser

Das Gemeindeblatt Der Gärtner berichtete am 1. September 1897 über einen erfreulichen Anfang der ‚Diakonissensache',

daß sich unsere junge Arbeit bisher, obwohl langsam, so doch stetig entwickelt hat. Unseren Schwestern wurde reich-

---

Kreises im Zeitraum von 1745 bis 1900; http://www.pastoerchen. de/ ErweckungMK/ [Zugriff 09.01.2018]),

[82] Friedrich Kaiser (1863 bis 1955), vgl. Weyel, Hartmut, Der Sonntagsschulkaiser, Friedrich Kaiser (1863 – 1955) Reiseprediger, Lehrer, Publizist, in Hartmut Weyel, Zukunft braucht Herkunft, Bundes-Verlag Witten, 2011, Bd. III, S. 117-140

[83] F. W. Kaiser (1857 bis 1945); vgl. F.W. Kaiser, Der Gärtner, 50. Jhrg., Nr. 3/4, 20.07.1947, S. 28

lich Gelegenheit gegeben, außer dem in der Anstalt erteilten Unterricht, an dem alle Anwesenden teilnehmen, sich in der Krankenpflege praktisch zu üben. Es kommt kaum vor, daß einmal alle zusammen im Hause sind, weil stets etliche irgendwo im Dienst der Liebe beschäftigt sind. – Seit etlichen Monaten konnten wir auch in kleinem Maßstabe durch Aufnahme Erholungsbedürftiger in unserem Hause dienen. Die Lage unseres Hauses ist eine angenehme und wer, ohne große Opfer bringen zu können, sich gerne ein wenig Ausspannung verschaffen will, dem können wir den Aufenthalt bei uns empfehlen. Im Monat August befanden sich zwei Engländerinnen in unserer Mitte, welche sich sehr zu Hause fühlten und es lebhaft bedauerten, nicht länger bleiben zu können. Anfangs September können wieder eine Anzahl Gäste Aufnahme finden. Die Preise sind so niedrig gesetzt, dass es auch weniger Bemittelten möglich wird, sich eine Zeitlang bei uns aufzuhalten.[84]

Ende Juni 1897 hatte das Diakonissenhaus Bethanien bereits 14 Schwestern und Robert Kaiser meinte, in nächster Zeit noch mindestens 8 bis 10 weitere beschäftigen zu können.[85] Dieser Personalbedarf ließ sich aber kurzfristig nicht decken. 15 Monate später, im September 1898 hatte die ‚Anstalt' erst 18 Schwestern, von denen 5 in einem Krankenhaus in Delmenhorst, 1 in Charlottenburg, 1 in Vertretung einer Gemeindeschwester im Ruhrgebiet und die restlichen in der Anstalt waren, wenn sie nicht auf Privatpflege waren. Es fehlte nicht „an Gelegenheit zu arbeiten, aber sehr, sehr häufig an Arbeiterinnen". Jede Pflege stellte „besondere Anforderun-

---

[84] Der Gärtner, Nr. 17, 1. September 1897, S. 136
[85] Vgl. Der Gärtner, 6. Jhrg. Nr. 26, 26.06.1898, S. 204

gen an die einzelne Schwester. Es ist darum außerordentlich wichtig, dass die Schwestern eine möglichst vielseitige Ausbildung erhalten; vor allem handelt es sich, bei der Eigenart unserer Arbeit, auch um eine gute Bekanntschaft mit allen häuslichen Arbeiten. Es sind deshalb im allgemeinen auch solche Schwestern am geeignetsten zur Aufnahme, welche mit allen Haushaltungsarbeiten wohl vertraut sind." Ohne diese Voraussetzung gibt es „bedeutend mehr zu lernen als für Mädchen, welche entweder schon eine Reihe Dienstjahre bei fremden Herrschaften hinter sich haben oder aber zu Hause eine gründliche häusliche Ausbildung empfingen."[86] Die richtigen Verhaltensweisen von Diakonissen beschrieb ein unbekannter Autor in einem

Diakonissenlied

Gern in alles mich zu fügen,
mich der Stille still zu freun;
ohne Worte, mit Vergnügen
aller Knechte Knecht zu sein,
nie mit Gaben stolz zu prangen,
Menschenruhm nie zu verlangen:
Diese Weisheit fleh' ich mir,
hocherhab'ner Gott von dir.

Unbekannte Wege wandeln,
Wege, die dein Aug' nur kennt,
Stille dulden, schweigend handeln,
wo kein Menschenmund mich nennt:
Das, du freundlicher Gewährer,
aller Demut Quell und Lehrer,

---

[86] Vgl. Der Gärtner, 6. Jhrg. Nr. 36, 04. September 1898, S. 285

Jesus Christus, lehre mich.
Still und schweigend sehn auf dich!

Gott der Niedrigen und Stillen,
die so gern im Schatten ruh'n,
Streng und fromm nach deinem Willen
Einsam leiden oder thun,
Laß, oh Vater mich nicht klagen,
Sollt' ich schwere Lasten tragen,
Schweigend lieber in mich gehen,
Demutsvoll auf dich nur sehn![87]

Die oben erwähnten fünf Schwestern im Delmenhorster Krankenhaus erlebten dort eine hochwillkommene Erweiterung ihrer Ausbildung, weil sie mit umfangreicheren Aufgaben als in der Privatpflege betraut waren und unter Anleitung eines tüchtigen Arztes standen. – Im Diakonissenhaus in Wetter traute man sich nach ernsten Bedenken 1898 auch erstmals zur Aufnahme einer bettlägerig Kranken.[88] Im Jahresbericht für 1898 heißt es: „Die Gesamtzahl der Pflegetage beträgt 2499 nebst etwa 30 – 40 Einzelnachtwachen. Von diesen 2499 fallen 1045 auf Privatpflege, 982 auf Krankenhauspflege und 406 auf Gemeindepflege. Außerdem wurden im Hause 3 geistig umnachtete Personen 105 Tage verpflegt, 1 Rheumatismus-Kranker 185 Tage, ein verwaistes Kind 235 Tage. 11 Rekonvaleszenten bezw. Erholungsbedürftige verweilten im Ganzen 256 Tage in unserem Hause. Das alles zusammen macht 3230 Tage." Aber der Bedarf an Pflegeleistungen war viel höher. „Es war uns schon lange nicht mehr mög-

---

[87] Nachrichten aus dem Diakonissenhause Bethanien zu Wetter a. d. Ruhr, 1. Jhrg., Nr. 1, 1. September 1897, Titelblatt, Bethanien-Archiv
[88] Vgl. Der Gärtner, 6. Jhrg. Nr. 40, 2. Oktober 1898, S. 314 - 316

lich, allen Ansuchern mit Schwestern zu dienen; etwa ein Drittel der Pflegegesuche mussten leider abgewiesen werden."[89]

Ende 1898 stieg die erste Oberin der Schwestern aus, weil sie einen verwitweten Prediger mit 3 kleinen Kindern heiratete. Daraufhin

> *wurde der Diakonissenhaushalt in Wetter mit dem der Kaisers zusammengelegt. Außerdem waren immer einzelne Altersgäste und Erholungssuchende mitzuversorgen. Frau Kaiser übernahm kommissarisch das Amt der Oberin. [...] Der Vorstand sieht diese gegenwärtige Ordnung der Dinge nur als Provisorium an und fasst die Wiederbesetzung des Oberinnenpostens ins Auge. Bei der Wichtigkeit dieses Postens soll jedoch die Leitung des Herrn erbeten und abgewartet werden.*[90]

Ob und wie begeistert Maria Kaiser von ihrer kommissarischen Oberinnenaufgabe war, ist nicht mehr bekannt. Ihr fehlte eine entsprechende Ausbildung, sie hatte zum fraglichen Zeitpunkt drei Kinder unter 5 Jahren und war schwanger. Erst nach 20 Monaten trat am 31.08.1900 mit Hanna Hoevel eine gelernte Krankenschwester ins Diakonissenhaus ein, die bald stillschweigend als Oberin anerkannt wurde und 38 Jahre lang bis zu ihrem 70. Lebensjahr blieb. Hanna Hoevel hatte als Älteste von 17 Geschwistern viel Erfahrung in der Führung eines großen Haushalts erworben und Krankenpflege gelernt.[91]

---

[89] Der Gärtner, 7. Jhrg., Nr. 4, 22. Januar 1899, S. 29-31
[90] leben helfen, 1896 – 1996: 100 Jahre Bethanien, S. 65
[91] leben helfen, 1896 – 1996: 100 Jahre Bethanien, S. 64/65

Ein Tätigkeitsbericht über den Zeitraum Ende August 1898 bis Ende August 1899 listet 1540 Tage Krankenhauspflege, 271 Tage Gemeindepflege, 1235 Tage Privatpflege, 365 Tage Pflege im Diakonissenhaus und 405 Tage Betreuung von Erholungsbedürftigen, zum Teil Gemütsleidenden, im Diakonissenhaus auf. Das macht in Summe 3616 Tage oder gut 10 % mehr als im Jahr 1897. Die Einnahmen beliefen sich auf 7.111,99 Mark und die Ausgaben auf 6.949,66 Mark. Es blieb ein Überschuss von 162,33 Mark, der aber beileibe kein Gewinn im betriebswirtschaftlichen Sinne war. Denn in den Einnahmen sind Geldspenden, sog. Liebesgaben, von 1.404.01 Mark und Jahresbeiträge der Vereinsmitglieder von 415,00 Mark enthalten. Die Erlöse aus der Krankenhauspflege beliefen sich auf 883,10 Mark entsprechend 0,573 Mark pro Pflegetag, die Einnahmen aus der Privatpflege summierten sich auf 1733,90 Mark oder 1,404 Mark pro Pflegetag und die Einnahmen aus der Gemeindepflege stellten sich auf 165,50 Mark oder 0,611 Mark pro Tag. Diese Einnahmen reichten bei weitem nicht für die Ausgaben für den Haushalt des Diakonissenhauses in Höhe von 2.547,67 Mark und das Taschengeld von 863,00 Mark. Allein diese beiden Ausgabeposten übertrafen die Einnahmen aus Krankenhaus-, Gemeinde und Privatpflege schon um 628,17 Mark oder 22,6 %.[92] Dabei ist noch nicht berücksichtigt, dass das Diakonissenhaus auch mit Naturalien unterstützt wurde, wie aus den Listen von Liebesgaben hervorgeht, die im Gemeindeblatt Der Gärtner häufig veröffentlich wurden, zum Beispiel: 14 Schürzen und 9 Paar Strümpfe, eine Kiste Zucker, ein Korb Birnen, ein Korb

---

[92] Vgl. Der Gärtner, 7. Jhrg., Nr. 40, 1. Oktober 1899, S. 315

Pflaumen[93] oder: 2 Kürbis, 1 Sack Möhren, 4 Sack Kartoffeln, 1500 Pfd. Kartoffeln.[94] Das Amtsgericht hatte also richtig beurteilt, dass das Diakonissenhaus Bethanien nicht auf die Mehrung des Wohlstandes seiner Träger abzielte, wie es das Gesetz forderte, und deshalb nicht als Genossenschaft betrieben werden konnte. Die ‚Diakonissensache' startete als Zuschussbetrieb, der von der Opferbereitschaft der hinter ihm stehenden Vereinsmitglieder und anderer Spender lebte. Gewinnerzielung oder gar Gewinnmaximierung war nicht das Ziel, es ging um Hilfe für Bedürftige aus christlicher Nächstenliebe. Robert Kaiser bemerkte dazu auf dem dritten Jahresfest des Diakonissenhauses Bethanien am 10. September 1899: Dass wir die Arbeit „nicht begonnen haben, um uns auch etwas zu thun zu machen, und erst recht nicht um etwas Außerordentliches zu thun, sondern weil wir sie nicht mit gutem Gewissen ungethan lassen konnten."[95] Ganz konkret bedeutete das: „Familien, deren Einkommen so gering ist, daß sie ums tägliche Brot ringen müssen, pflegen wir gerne umsonst"; die Pflegesätze richteten sich nach den Vermögensverhältnissen der Bedürftigen.[96]

Wegen des großen Bedarfs an Diakonissen landesweit entsandte Bethanien im Herbst 1899 drei Mitarbeiterinnen in eine kleine Privatklinik in Dresden. Eine befreundete Diakonissenanstalt hatte die Arbeit dort aus Personalmangel eingestellt. Robert Kaiser sah die Entsendung der drei Bethanien-Schwestern als gute Gelegenheit, ihre Ausbildung und Erfah-

---

[93] Vgl. Der Gärtner, 7. Jhrg., Nr. 44, 29. Oktober 1899, S. 351
[94] Vgl. Der Gärtner, 8. Jhrg., Nr. 46, 18.November 1900, S. 367
[95] Der Gärtner, 7. Jhrg., Nr. 40, 1. Oktober 1899, S. 315
[96] Der Gärtner, 8. Jhrg., Nr. 43, 28. Oktober 1900, S. 343

rung zu erweitern. Bei einem Besuch der Schwestern im Januar 1900 freute er sich, dass „sie sich untereinander recht gut verstehen und mit Freuden ihre Arbeit thun. Der Herr möge sie in dieser Stimmung erhalten!" Auf der Weiterreise nach Berlin besuchte er befreundete Diakonissenhäuser und erkannte:

*Vor allen Dingen ist mir die Notwendigkeit der Arbeit aufs neue vor die Seele getreten und treibt mich mehr denn vorher zu der Bitte; ‚Herr sende Arbeiter in deinen Weinberg.' Die Not ist allenthalben groß. Bruder Scheve-Berlin teilte mir mit, dass sie mit ihren siebenzig Schwestern die an sie herantretende Arbeit nicht zur Hälfte bewältigen könnten. Und er steht mit seiner Klage nicht allein, man kann sie in jedem Diakonissenhaus hören. Es braucht also keine gläubige Jungfrau müßig am Markte zu stehen; hier ist Arbeit für alle, denen der Herr eine gute Gesundheit und ein Herz voller Liebe zu den Kranken geschenkt hat. – Des weiteren ist mir ein Bedürfnis, ein eigenes Krankenhaus zu besitzen, ebenfalls neu aufs Herz gefallen. Unsere Schwestern empfinden eben doch trotz allem Guten, was sie draußen genießen, daß sie in der Fremde sind, und wir fühlen es mit ihnen. Doch wie groß uns auch die Schwierigkeit, ein solches Haus zu bekommen, erscheint, wir verzagen nicht. Der Herr, des die Sache ist, wird uns zu **seiner** Zeit auch in diesem Stück ansehen, wie er uns in Bezug auf manche andere Schwierigkeit in vergangenen Tagen angesehen hat. Der treuen Fürbitte der Geschwister uns und das Werk unserer Hände befehlend, werfen wir alle unsere Sorgen auf den, der versprochen hat, für uns zu sorgen* *und werden nicht zu Schanden. Hochgelobt sei sein ewiger Name!*[97]

Knapp 3 Monate später teilte Robert Kaiser den Lesern des ‚Gärtner' mit, dass schon etwas Geld für den Bau eines Krankenhauses eingegangen sei, aber lange nicht genug für den Kauf eines Bauplatzes:

> *Wir wollen nun natürlich nicht ungeduldig sein, sondern gern warten auf den Herrn, des die Sache ist, an der wir stehen. Doch solches Warten soll kein träges Nichtsthun sein, wir warten nur dann recht, wenn wir betend warten. Und damit nun auch unsere verbundenen Geschwister also mit uns warten können, müssen sie wissen, wie die Sache liegt. Es ist uns nämlich dicht am Hause ein 200 Ruten großes Stück Land angeboten worden, welches wir, soll sich unsere Sache überhaupt ausdehnen, unbedingt haben müssen. Da nun aber die Preise hierorts stets steigen, und wir auch nicht wissen, wie lange uns der Kauf offen steht, halte ich es für meine Pflicht, diese Mitteilung zu machen, damit jeder weiß, wie die Lage der Dinge ist, und mit uns um des Herrn Leitung beten kann. […] Und sollte in den Plan Gottes der Ankauf des Landes nicht passen, dann wollen wir fein stille sein und das* **Bessere** *aus seiner Hand empfangen.* **Sein** *Wille geschehe!*[98]

Der Schwesternmangel motivierte einen ungenannten Autor zu einer gereimten Werbung, die zum Jahresfest des Diakonissenhauses am 9. September 1900 in Der Gärtner erschien:

---

[97] Der Gärtner, 8. Jhrg., Nr. 8, 25. Februar 1900, S. 61/62
[98] Der Gärtner, 8. Jhrg., Nr. 19, 13. Mai 1900, S. 148

Auf, auf ihr Mädchen!
Euch, die ihr müßig steht
am Markt des Lebens,
vor Allen euch gilt dieses Wort!

Der uns gezeigt, was Lieben heißt,
und solches Lieben uns auch lehren möchte,
Er hat zu seinem heil'gen Werke euch berufen,
dass ihr der schwachen, glücksverstoßenen
Geschwister euch erbarmet!
Die Heimatlosen, die Hungernden und Kranken
Gefangene an Leib und Seele,
ein Heer von Elend streckt die kampfesmüden Arme
nach einer milden, starken Hand,
die vom Verderben sie erhebe;
wir suchen sie, die stille, weiche Menschenseele,
ein starkes Herz, das auch vollführen kann,
was viele andere nur wünschen möchten!

Was hält euch, liebe Schwestern,
dass ihr nicht heute schon
zu seiner weißen Fahne eilt
und ihm die Treue schwört?
Will er doch selber euch
die gottesstarke Waffenrüstung reichen
und mit euch sein in jedem Kampfe.

Wollt ihr nicht thun, was seine Stimme
euch zu thun gebietet,
weil ihr auch and're Stimmen hört,
die jedem jugendfreud'gem Wollen
stets der Verneinung Frost entgegenbringen,
die euch von Opfern und von Mühen reden,
auch wo, ob eurer Gabe Dürftigkeit beschämt,

ihr nur ein liebewarmes und verachtungsreiches Dasein
zu verschenken habt?

Gehilfin sein dem echten
und geliebten Manne,
ist sicherlich ein schönes Frauenglück,
und doch von einem übertroffen noch:
Dem unvergleichbar Herrlichen
zur Seite, in seiner Liebe Born
die Seele sich gesund zu trinken
und mit dem heil'gen Lebenstrank
den müden Pilger zu erquicken:
Des höchsten Herrn Gehilfin sein,
das ist das schönste Erdenlos.[99]

Am 9. September 1900 gab sich der Diakonie-Verein Bethanien eine neue Satzung, die erstmals auch von einer Frau, der Witwe Mähler, unterzeichnet wurde. Vermutlich war das die Friedericke Mähler, in deren Privathaus sich die 1891 entstandene Freie evangelische Gemeinde Wetter traf[100], bevor Friedrich Fries 1894 ein Gemeindehaus baute, das später auch das Mutterhaus Bethanien beherbergte. Und vermutlich war es auch die ‚liebe Frau Mähler', die den ersten Diakonissen Geschirr und Besteck gestiftet hatte. (S.o. S. 71) Die neue Satzung wurde am 9. August 1901 unter Nummer 10 des Vereinsregisters des Königlich Preußischen Amtsgerichts in Hagen eingetragen. Sie bestimmte als Zweck des Vereins „die Förderung der Christlichen Diakonie". Diese sollte erreicht werden durch „die Ausbildung und Unterhaltung solcher Personen, die für die Krankenpflege geeignet erscheinen

---

[99] Der Gärtner, 8. Jhrg., Nr. 36, 9. September 1900, Titelseite
[100] Vgl. FeG Wetter, Gemeinde gestern und heute, S. 5

und derselben sich zu widmen bereit sind, sowie durch andere, zur Hebung des leiblichen, geistigen und geistlichen Wohls dienende Mittel". Mitglieder des Vereins konnten gläubige Christen über 18 Jahren werden, die einen ihrem Glauben entsprechenden Lebenswandel führten, und auch christliche Gemeinden, Gemeinschaften und Vereine. Jedes Mitglied war verpflichtet, mindestens einen unverzinslichen Schuldschein des Vereins zu erwerben und als Einzelperson mindestens 1 Mark und als Verein mindestens 5 Mark Jahresbeitrag zu entrichten. Der Verein wurde von einem Vorstand aus mindestens 2 Mitgliedern und einem Verwaltungsrat mit mindestens 3 Mitgliedern geleitet. Der Verwaltungsrat hatte zu beschließen über die Aufnahme neuer Vereinsmitglieder, neuer Schwestern und Probeschwestern und über „die Anstellung der Beamten, die zur Leitung der mit dem Verein in Verbindung stehenden Anstalten erforderlich erscheinen"[101].

Die nackten Zahlen der mit frommen Betrachtungen gespickten Berichte über das Jahr 1900 erzählen von Kapazitätsproblemen wegen langer und sehr ernsthafter Erkrankungen von 4 Schwestern (von am Jahresende 16!), aber auch von einer leichten Zunahme der Mitglieder des Diakonievereins auf 205[102] und vom Beginn der Entsendung von Gemeindeschwestern nach Issum und Köln.[103] Den Einnahmen von 6.990 Mark standen Ausgaben von 7.220 Mark gegenüber. Der Kassenbestand war am Jahresende auf 17,18 Mark

[101] Satzungen des Diaconie-Vereins Bethanien zu Wetter a. d. Ruhr vom 09.09.1900. Handschriftlich im Bethanien-Archiv
[102] Vgl. Der Gärtner, 9. Jhrg., Nr. 2, 13. Januar 1901, S. 15
[103] Vgl. Der Gärtner, 9. Jhrg., Nr. 3, 20. Januar 1901, S. 22

geschmolzen und es gab Schulden von etwa 400 Mark, hauptsächlich durch Anschaffung von Inventar. Die Einnahmen aus Pflege und Pension von 3.932,35 Mark deckten nur knapp die Ausgaben für Haushalt, Taschengeld und Kleider von 3.947,55 Mark. Robert Kaiser bezog kein Gehalt aus der Diakonissenkasse, wohnte aber mietfrei im Diakonissenhaus. Dieses Haus wurde 1900 von Friedrich Fries erworben[104], der es 1894 mit geliehenen Mitteln auf eigenes Risiko gebaut hatte, als er in Wetter kein geeignetes Gemeindehaus finden konnte. Die beengte wirtschaftliche Lage hinderte Robert Kaiser aber keineswegs, Zukunftspläne mitzuteilen: Bau eines eigenen Krankenhauses, wofür schon 324 Mark gespendet und verzinslich angelegt worden seien; Überlegungen zur Aufnahme und Verpflegung geistesschwacher Kinder und Altersschwacher und sog. Krüppel der Gesellschaft, die zur Ausübung eines normalen Berufes nicht in der Lage seien.[105]

Das Jahr 1901 brachte per Saldo einen Zuwachs von 4 Mitgliedern des Diakonievereins und von einer Schwester und einer Vorprobeschwester. Eine Schwester war leider im Laufe des Jahres ausgeschieden.[106] Die Einnahmen für Pflegedienste von 3.300.60 Mark blieben wieder weit hinter den Ausgaben von 3.726,32 Mark allein für Haushalt, Taschengeld und Kleider zurück[107] und deckten nur knapp 45 % der Gesamtausgaben. Da waren Natural-Spenden von 6963 Pfund Kartoffeln hoch willkommen, die frei Haus geliefert wurden.[108]

---

104 Vgl. Der Gärtner, 9. Jhrg., Nr. 4, 27. Januar 1901, S. 29/30
105 Vgl. Der Gärtner, 9. Jhrg., Nr. 5, 3. Februar 1901, S. 36
106 Vgl. Der Gärtner, 10. Jhrg., Nr. 3, 19. Januar 1902, S. 21
107 Vgl. Der Gärtner, 10. Jhrg., Nr. 4, 26. Januar 1902, S. 29
108 Vgl. Der Gärtner, 9. Jhrg., Nr. 47, 24. November 1901, S. 375

Als neues Projekt kündete Robert Kaiser eine Kleinkinder-schularbeit an, die im Laufe des Jahres intensiv vorbereitet worden sei, und möglichst bald starten solle.[109] Zur Vorbereitung auf diese Aufgabe besuchte eine Schwester ab Anfang Oktober 1902 ein Kinderlehrerinnen Seminar des Oberlin-Diakonissenhauses in Nowawes (heute Potsdam-Babelsberg)[110] und absolvierte die Ausbildung „mit gutem Zeugnis und ist jetzt einsatzbereit"[111]. Wo sie eingesetzt wurde bleibt aber unklar. Ein Zeugnisformular aus dem Jahre 1910 listet die im Oberlin-Seminar vermittelten Fächer zur Ausbildung evangelischer Kleinkinder-Lehrerinnen auf: 1. Biblische Geschichte; 2. Katechismus; 3. Kirchenlied; 4. Pädagogik; 5. Erziehungslehre; 6. Anschauung; 7. Naturkunde; 8. Erzählen und Auswendiglernen; 9. Beschäftigung; 10. Spiel und Lied; 11. Handarbeit; 12. Zeichnen; 13. Violine. Dazu wurden Fleiß und Betragen und das „gesamte sittlich religiöse Verhalten" in ein Gesamtprädikat einbezogen.[112]

In den folgenden Jahren entwickelte sich die Anstalt unter vielen Problemen langsam aufwärts. Im 10. Jahresbericht schilderte Robert Kaiser das erste Jahrzehnt des Diakonissenhauses so:

Ich beginne mit dem 9. November des Jahres 1896, dem Tage, an dem die erste Schwester eintrat und somit die eigentliche Arbeit ihren Anfang nahm. Unser Haus war damals Ei-

---

[109] Vgl. Der Gärtner, 10. Jhrg., Nr. 4, 26.01.1902, S. 30

[110] Vgl. Der Gärtner, 10. Jhrg., Nr. 49, 07.12.1902, S. 389f

[111] Der Gärtner, 11. Jhrg., Nr. 46, 15.11.1903, S. 365

[112] Oberlin-Seminar zur Ausbildung evangelischer Kleinkinder-Lehrerinnen zu Nowawes; Bethanien-Archiv, Ordner Schulentlassungszeugnisse

gentum des Br. F. Fries und wurde von ihm und einer Anzahl Mieter bewohnt. Einige dieser Mieter mußten ausziehen, damit die 2. Etage für die erwarteten Schwestern frei wurde. Mit den zum Teil eingezahlten Anteilen und wenigen Liebesgaben wurde das unbedingt nötige Mobiliar angeschafft. Die Küche wurde mit einem alten Restaurationsherd, den wir von einem Händler für 20 Mark kauften, ausgestattet. Die weiteren Küchengeräte wurden teils gekauft und teils geliehen. Bis Mitte Januar 1897 stieg die Zahl der Schwestern auf 4 inklusive der Oberin. Sämtliche Schwestern ermangelten der Ausbildung für die Krankenpflege. Wo und wie wir eine praktische Ausbildung für unsere Schwestern erlangen sollten, wußten wir nicht. Da ich nun während meines Aufenthalts im Missionshaus und später noch in England Gelegenheit gefunden hatte, mich mit der Anatomie und den verwandten Wissenschaften zu beschäftigen, fiel mir die Aufgabe zu, den Schwestern vorerst mit theoretischem Unterricht zu dienen, um sie auf diese Weise soweit wie möglich für die Arbeit heranzubilden. Zu diesem Zweck fuhr ich während des Winters mehrere Male wöchentlich von Witten nach Wetter. Br. Fries, der im Hause wohnte und notgedrungen die Leitung der Sache in der Hand hatte, auch etwas biblischen Unterricht gab, wurde in dieser Zeit mehrere Wochen aufs Krankenlager gelegt, sodaß zeitweise um sein Aufkommen [d.h. seine Genesung, H.R.] ernstlich gefürchtet wurde. So ging's bis zum Frühjahr 1897. Bei einigen Kranken durften während dieser Zeit unsere Schwestern schon Hand anlegen.

Ohne daß ich vorher je daran gedacht hätte, meine eigentliche Lebensaufgabe in der Diakonie zu finden, legte sich mir die Arbeit im Diakonissenhaus mehr und mehr aufs Herz. Vielversprechend war die Sache durchaus nicht. Allein ich *war innerlich gebunden und zog im Vertrauen auf den Herrn, der mir in der Gemeindearbeit in Witten Nahrung und Kleidung gegeben hatte, am 5. Mai 1897 in die Wohnung des Br. Fries, der meine Wohnung in Witten bezog. Es galt nun natürlich, die Verhältnisse so zu nehmen, wie sie eben waren und an dem Ausbau der Sache nach den verschiedensten Seiten hin zu arbeiten. Was wir besonders bedurften, war ein geeignetes Krankenhaus zur Ausbildung unserer Schwestern. Aber wohin sollten wir uns wenden? Ein Krankenhaus ganz zu übernehmen war uns nicht möglich, weil wir ja gar keine ausgebildeten Schwestern hatten. Da blieb uns nichts anderes übrig, als zu warten, zu beten und auszuschauen. Es währte geraume Zeit, bis zum 19. Januar 1898, da tat uns der Herr eine Tür auf in dem Fabrikkrankenhaus der Norddeutschen Wollkämmerei in Delmenhorst. Dies Haus war damals für uns wie geschaffen. Ein recht tüchtiges Fräulein hatte daselbst die Leitung, und so konnten wir mit unseren ungeschulten Kräften einsetzen. Zu der ersten Schwester, mit der wir die Arbeit antraten, kam am 28. Februar desselben Jahres die zweite. So ging's weiter, bis schließlich mit- und nacheinander 7 unserer Schwestern daselbst arbeiteten und ihre praktische Ausbildung empfingen. Nebenher ging dann die Privatpflege, in der wir stets genug zu tun hatten. Sehr lange sollte nun aber unsere Verbindung mit Delmenhorst nicht dauern. In Oldenburg gibt's nämlich auch ein Diakonissenhaus, welches in jener Zeit durch ernste Krisen hindurch ging, dann aber in bessere Hände kam und leistungsfähiger wurde. Mit diesem Hause, welches Delmenhorst räumlich viel näher lag als unseres, ging die Fabriksfirma eine Verbindung ein. [...] Bevor es jedoch mit dieser Ausbildungsgelegenheit zu Ende ging, waren wir auf wunderbare Weise mit dem lieben alten Pastor Bodelschwingh in Bielefeld bekannt gewor-*

den, und schon am 16. September 1899 reiste eine unserer Schwestern nach Bremen, um daselbst im großen städtischen Krankenhaus, das mit Bielefelder Schwestern besetzt ist, ihre Ausbildung zu vollenden. Dieser folgten noch zwei Schwestern. Um dieselbe Zeit wurden 3 andere unserer Schwestern unter denselben Verhältnissen und Bedingungen in Iserlohn ausgebildet. Unsere Sorge um Ausbildungsstätten war inzwischen ziemlich gehoben, es taten sich allgemach Türen genug auf. So bezogen wir am 29. November 1899 eine Privatklinik in Dresden, die wir bis heute noch – und zwar mit 5 Schwestern besetzt haben. Eine zweite Klinik daselbst kam später hinzu und ist gegenwärtig mit 3 Schwestern besetzt. Zwischendurch arbeiteten wir vorübergehend in einem Kreiskrankenhaus in Königswusterhausen, in Versorgungshäusern in Berlin und Haan, im städtischen Krankenhaus in Rheydt und in einer Privatklinik in Dortmund. Mehrere Gesuche um Übernahmen von Kliniken mußten wir schon ablehnen. Dagegen haben wir seit ca 6 Jahren das städtische Krankenhaus in Eisleben und seit 2 Jahren das städtische Krankenhaus in Kirn besetzt. Ob wir nun auch momentan 13 Schwestern in Krankenhäusern und Kliniken stationiert haben, so halten wir doch die Privatpflege für den wichtigsten Teil unserer Tätigkeit. Im letzten Jahre war es uns denn auch möglich, in 47 verschiedenen Familien kranke Angehörige zu pflegen."[113]

Im Mutterhaus selbst brachten die ersten 10 Jahre mancherlei Veränderungen mit kleinen und großen Schwierigkeiten. Unsere erste Oberin, die sich in dankenswerter Weise mit uns in die so wenig Aussicht gewährende Arbeit hineinbegeben hatte, folgte schon Ende 1898 einem Ruf als Gattin eines schwergeprüften befreundeten Bruders in Charlottenburg.

---

[113] Der Gärtner, 16. Jhrg., Nr. 6, 10. Februar 1907, S. 45/46

Stark 1 1/2 Jahre bis August 1900, wo uns der Herr unsere jetzige Oberin, Schw. Hanna Hoevel zuführte, stand dann meine liebe Frau, so gut es eben ging, dem Diakonissenwesen, neben ihrer Aufgabe in der eigenen Familie, mit vor. Diese Zeit war eine recht schwere; und wir waren dem Herrn von Herzen dankbar, als sie vorüber war.

Außer diesen wirtschaftlichen Schwierigkeiten wurden wir auch zeitweise mit Krankheiten unter den Schwestern recht ernstlich heimgesucht. Aber viel schwerer noch waren für uns etliche Fälle, wo Schwestern sich nicht bewährten, aus dem Verbande ausschieden und traurige Wege einschlugen. Es waren ihrer, Gott sei Dank, nur wenige, aber diese wenigen liegen uns immer noch schwer auf. Möge sich der Herr ihrer erbarmen! Schwestern, die nach kürzerer oder längerer Zeit ihr Verhältnis zur Anstalt lösten und in ihren früheren Beruf zurückkehrten oder als sogenannte ‚Wilde Schwestern' sich durchzuschlagen suchten, gab es bei uns, wie wohl in allen Diakonissenhäusern, auch zur Genüge. […] Natürlich gab es auch Fälle, wo es deutlich zu erkennen war, dass der Herr eine andere Arbeit für eine Schwester hatte, und da wehrten wir selbstverständlich nicht, sondern ließen sie mit herzlichen Segenswünschen ziehen und halten mit ihnen fortgesetzt gute Freundschaft.

Unter der bewahrenden Hand unseres Gottes ist unter allerlei Stürmen die Zahl unserer Schwestern, inklusive einer freien Hülfsschwester, auf 30 gestiegen. Bevor dieser Bericht in die Hände der Leser kommt, werden, will's Gott, noch zwei Schwestern hinzugekommen sein. […] Während des Jahres 1906 arbeiteten 13 Schwestern in Krankenhäusern und Kliniken 4702 Tage, 8 Schwestern arbeiten in der Privatpflege 2381 Tage. Die übrigen 9 Schwestern, zu denen außer der

Oberin, der Nähschwester, einer freien Hülfsschwester durchweg zwei kranke Schwestern und zuletzt 4 Vorprobe- und noch nicht praktisch ausgebildete Probeschwestern zählen, verpflegten im Mutterhaus nebenbei eine Gichtkranke 365 Tage und eine geistig etwas schwache Dame 275 Tage. […] So hatten alle unsere Schwestern, auch die im Mutterhaus weilenden, reichlich Gelegenheit, dem Herrn mit ihrer ganzen Kraft im Krankenzimmer, in Küche, Nähstube, Waschküche und im Garten zu dienen zum Wohl des Ganzen und zur Verherrlichung des Namens Gottes […][114]

Um jedoch unsere Lage, jetzt, nach zehnjährigem Bestehen, klar darzustellen, greife ich noch einmal zurück auf die Anfangszeit. Wie oben schon mitgeteilt gehörte unser Diakonissenhaus nebst dem dahinterliegenden Versammlungssaal dem Br. F. Fries […] Von ihm wurde die zweite Etage für den Schwesternhaushalt gemietet. Als dann mit dem Inkrafttreten des neuen Bürgerlichen Gesetzbuches im Jahre 1900 der Diakonie-Verein ,Bethanien' gerichtlich eingetragen werden konnte und somit eine juristische Person darstellte, wurde das Haus nebst Saal und Garten von Br. Fries zum Preise von Mk. 31.000 käuflich erworben. Da nun das Anwesen bis zur Höhe der Kaufsumme beliehen war, brauchten wir zunächst kein Geld in der Hand zu haben, die Hypotheken wurden einfach auf den Diakonieverein übertragen. Bis zur Auflassung […] konnten wir von der Kaufsumme schon Mk. 500.- tilgen. Im Jahr 1903 machte der Herr es uns möglich, die Grundschuld um weitere Mk. 2000.- herabzudrücken, sodaß dieselbe gegenwärtig Mk. 28.500,- beträgt. Es stellte sich nun immer mehr heraus, daß zur Sicherung einiger Bauplätze, zur Anlage einer Bleiche und eines ordentlichen Gartens geschritten

---

[114] Der Gärtner, 16. Jhrg., Nr. 7, 17. Februar 1907, S. 52/53

werden mußte. Zu diesen Zwecken wurden während der letzten 2 Jahre 16 Ar 92 qm (= 1.692 Quadratmeter. H.R.) zu einem Gesamtpreise von Mk. 11501,71 angekauft. Diese Summe konnte, Gott sei Dank, bis Ende vergangenen Jahres bis auf Mk. 4.244,31 aus eigenen Mitteln getilgt werden. Da die Landpreise infolge der hier momentan herrschenden starken Baulust rapide steigen, sind wir von Herzen dankbar, daß der Herr uns in dieser Hinsicht so freundlich geholfen hat. Wir brauchen jetzt nicht zu fürchten, zugebaut zu werden, was für eine Anstalt verhängnisvoll werden kann.

Nach diesen Mitteilungen über die äußere Gestaltung des Werkes sei mir gestattet, noch einige Worte über den Charakter der Anstalt zu sagen. So wie die einzelnen Gemeinden der Gläubigen, trotz der im tiefsten Grunde feststehenden Einheit aller Gotteskinder, sich nach Gottes Willen verschieden gestalten, um auf diese Weise die mannigfaltige Weisheit Gottes zu offenbaren, so hat auch jeder einzelne Zweig der Reich-Gottes-Arbeit sein besonderes Gepräge. Dem Boden, auf dem unsere Anstalt gewachsen, entsprechend, bietet sie den Schwestern die weitgehendste Freiheit; (unter dieser Freiheit ist natürlich keine Zügellosigkeit zu verstehen, die sich ja mit dem Geist Jesu nicht vereinigen läßt und deshalb verwerflich ist.) Unser Bestreben ist, unsere Schwestern, soweit wie eben möglich, zu selbständig christlichen Charakteren sich entwickeln zu lassen. Wir wollen erziehen und nicht dressieren. Dabei wird auf die praktische Sorgfalt der Schwestern die größte Sorgfalt verwendet. Soweit es die geistige Beanlagung und die körperliche Kraft gestatten, werden unsere Schwestern herangebildet, damit sie sich in allen, auch den schwierigsten Pflegen, zu helfen wissen. Diese Art der Erziehung setzt natürlich Leute voraus, die wirklich unter der Zucht des

Geistes Gottes stehen. Ist das nicht der Fall, dann wird auch nicht viel erreicht und es kommt in der Regel bald zum Ausscheiden aus unserem Verband. Wir streben dahin, dass unsere Schwestern nicht durch Zwang, sondern in freier Selbstbestimmung in kindlichem Gehorsam dem Herrn an den Kranken dienen. Zur Erreichung dieses Zieles findet – abgesehen von Zeiten, in denen das Haus fast leer – außer Montag und Samstag täglich Unterricht statt. Morgens von 8 bis 9 Uhr: Einführung in die Schrift; [d.h. die Bibel, H.R.] von 9 bis 10 Uhr: Anatomie und Physiologie; von 10 bis 11 Uhr: Deutsch.

Nachmittags von 3 – 4 oder von 5 – 6 Uhr nimmt unsere Oberin mit den jungen Schwestern die verschiedenen Krankheiten durch. Das ist die eigentliche Dienststunde, die für die Schwestern sehr wichtig ist. Außerdem haben wir allwöchentlich in der Gemeinde 1 Erbauungsstunde, 2 Bibelstunden und 1 Gebetsstunde, an denen die Schwestern ebenfalls regelmäßig teilnehmen.

In Bezug auf die äußere Versorgung mit Taschengeld, Kleidern etc., haben wir unsere Schwestern ebenfalls so günstig gestellt wie irgendein anderes Mutterhaus, sodaß sie auch nach der Seite hin ohne Bedrückung ihren Weg gehen können. Nach dieser Regel gehen wir nun schon seit 10 Jahren und haben des Herrn Gnade reichlich erfahren, nach dieser Regel hoffen wir durch seine Gnade weiter zu arbeiten, bis der Herr kommt.[115]

Robert Kaiser sah einen wesentlichen Unterschied zwischen einer nach der Bibel gezeichneten Diakonisse und einer modernen Krankenschwester:

---

[115] Der Gärtner, 16. Jhrg., Nr. 8, 24. Februar 1907, S. 62

Wie sollen oder müssen wir uns eine biblische Diakonisse vorstellen, was und wie soll sie sein?

1. *das bewußte Eigentum ihres Gottes, eine Seele, die sich erkauft weiß durch das teure Blut Jesu Christi;*

2. *eine vom Herrn selbst für den Dienst begabte, berufene und freigemachte Schwester;*

3. *eine dem Herrn gehorsame Jüngerin, die, von Jesu Liebe erfüllt nicht das Ihre sucht, sondern das was des anderen ist;*

4. *muss sie imstande sein alles was sie tut von Herzen zu tun, und zwar nicht den Menschen, sondern dem Herrn;*

5. *muss sie wahr, geduldig, demütig, sanftmütig und freundlich sein;*

6. *muss sie, außer Nahrung und Kleidung, als den eigentlichen Lohn ihrer Arbeit den Herrn Jesus vom Himmel her erwarten. ...*

Die moderne Krankenschwester kann und darf natürlich auch eine wahre Christin sein, aber das ist durchaus nicht Grundbedingung; ein nach den allgemeinen Begriffen unbescholtenes Vorleben genügt vollständig für die Aufnahme in den Beruf. Sie braucht deshalb ihren Dienst auch nicht als einen Gottesdienst aufzufassen, sondern als einen Dienst der Humanität, den sie aus Liebhaberei, um ihre gesellschaftliche Stellung aufzubessern, ihren Lebensunterhalt zu verdienen, sich für's Alter zu sichern oder aus irgend einem anderen Grund freiwillig oder gezwungen erwählt. Je nach ihrer momentanen Neigung kann sie denselben wechseln oder aufgeben und nebenher sich selbst, der Welt und ihren Lüsten le-

ben. *Den Dienst an sich hat sie natürlich, wie die biblische Diakonisse, pünktlich und gewissenhaft zu verrichten, ohne sich jedoch, wie jene, um das Seelenheil ihrer Pflegbefohlenen irgendwelche Sorge zu machen; ebenso ist es ziemlich gleichgültig, wie sich ihr eigenes Seelenheil entwickelt. Das ist so ungefähr die moderne Krankenschwester."* Die biblische Diakonisse sei nach Robert Kaisers Erfahrung häufig das Produkt einer langen Entwicklung. *„Die betrübende Tatsache, daß so viele die Flinte ins Korn werfen und davonlaufen, manche andere, die wohl bleiben, aber ihres Berufs nie recht froh werden, läßt gar zu deutlich erkennen, dass längst nicht alle bereit sind, den Weg zu gehen und deshalb niemals wirkliche Diakonissen werden, ob sie schon ihr Leben lang an Kranken- und Sterbebetten tätig sind. Statt dem biblischen Ideal näher zu kommen und den Namen Jesu zu verherrlichen werden sie zu Karikaturen, die den Schwesternberuf mißkreditieren in den Augen der Freunde und Feinde des Evangeliums.*[116]

Im Jahre 1910 hatte sich eine angehende Bethanien-Schwester soweit vom Ideal der biblischen Diakonisse entfernt, dass der Diakonieverein Bethanien sie nicht nur nach mehreren Wochen Probezeit entlassen, sondern sogar in einer großen Anzeige in Der Gärtner unter voller Namensnennung vor ihr gewarnt hat: „Die zu dieser Maßnahme Anlaß gebenden Gründe sind derart, dass wir jeden, dem die Person in Zukunft zwecks irgendwelcher Verbindung nähertreten soll-

---

[116] Kaiser, Robert, Ist unser Ideal die biblische Diakonisse oder die moderne Krankenschwester? Der Gärtner, 21. Jhrg., Nr. 29, 20. Juli 1913, S. 228f

te, bitten müssen, sich vorher bei uns nach ihr zu erkundigen."[117]

Trotz häufiger, an gläubige Jungfrauen gerichteter Aufrufe, Diakonisse zu werden anstatt ,müßig am Markt zu stehen', stieg die Zahl der Bethanien-Schwestern auch weiter viel langsamer als zur Bewältigung aller Aufgaben nötig gewesen wäre. Dennoch wuchs das Werk. 1908 hatte es 80 Schwestern und das Diakonissenhaus in Wetter wurde auf 50 Zimmer erweitert.[118] 1909 kaufte man ein angrenzendes Grundstück von 1749 qm dazu.[119] 1910 gab es sogar eine, nicht zu befriedigende, Anforderung einer Gemeindeschwester aus dem heutigen Thessaloniki im fernen Griechenland.[120] Wegen mangelnder Expansionsmöglichkeiten in Wetter kaufte der Diakonie-Verein am 30. Oktober 1912 ein Grundstück von 43.271 qm zwischen Ronsdorf, Barmen und Elberfeld im heutigen Wuppertal für 27.284 Mark. Es lag direkt an der elektrischen Bahn, war also gut erreichbar, und sollte neuer Standort des Diakonissenanstalt Bethanien werden. Es gab Hoffnungen, schon im kommenden Frühjahr mit den Bauarbeiten beginnen zu können.[121] Kaum war das Grundstück gekauft, da wurde bekannt, dass eine andere Freikirche, die Christliche Versammlung, in der Nachbarschaft ebenfalls ein Grundstück zu ähnlichen Zwecken erworben hatte. Das führte im Umkreis des Diakonie-Vereins Bethanien zu großen Sorgen wegen einer befürchteten Konkurrenzsituation und

---

[117] Der Gärtner, 18. Jhrg., Nr. 52, 25. Dezember 1910, S. 415
[118] Der Gärtner, 17. Jhrg., Nr. 13, 3. Januar 1909, S. 5 und leben helfen, S. 76
[119] Der Gärtner, 17. Jhrg., Nr. 19, 9. Mai 1909, S. 152
[120] Der Gärtner, 18. Jhrg., Nr. 51, 18.12.1910, S. 407
[121] Der Gärtner, 20. Jhrg., Nr. 47, 24.November 1912, S. 371

zu Überlegungen, das gerade erworbene Grundstück wieder abzustoßen oder den befürchteten Konkurrenten ihr neu erworbenes Grundstück abzukaufen. Parallel dazu wurden Baupläne erstellt. Die Hoffnung, bereits im Frühjahr 1913 mit den Bauarbeiten beginnen zu können, galt schon im November 1912 als unrealistisch, auch weil internationale Spannungen den Ausbruch eines Krieges befürchten ließen.[122] Als sich die internationale Lage im Sommer 1913 entspannte, hoffte Robert Kaiser wieder auf einen baldigen Baubeginn in Ronsdorf, obwohl Bethanien-intern noch keine Einigkeit bestand.[123] Aber die Angelegenheit verzögerte sich weiter. Anfang Dezember 1913 teilte die ‚konkurrierende' Freikirche mit, dass sie an ihrem Bauvorhaben festhalte, und gab zu bedenken, in brüderlicher Eintracht nebeneinander zu arbeiten. Man habe gedacht:

> *Wie schön ist es doch, daß so in Ronsdorf ein doppeltes Zeugnis christlicher Liebe vor den Augen der Welt errichtet werden soll." Weiter: „Wir verkennen freilich nicht, daß Störungen der einen oder anderen Art vorkommen **können,** aber wir sind der Meinung, daß solche bei beiderseitigem guten Willen zu vermeiden oder doch eintretendenfalls ohne große Mühe zu ordnen sind.*[124]

Robert Kaiser konnte dieser Argumentation viel abgewinnen. Er schrieb am 19.12.1913 an den Lieben Bruder Millard vom Verwaltungsrat des Diakonie Vereins Bethanien:

---

[122] Der Gärtner, 20. Jhrg., Nr. 47, 14.11.1912, S. 371
[123] Der Gärtner, 21. Jhrg., Nr. 33, 17.08.1913, S. 262
[124] Paas, Karl, Brief vom 04.12.1913 an Lieber Bruder Kaiser; Bethanien-Archiv, Ordner Diakonie Verein Bethanien

Wenn ich nun bedenke, dass uns der Herr einen Platz fin-
den ließ, der umwohnt ist von 400.000 Menschen, also ein
Arbeitsfeld bietet, wie wir's kaum großartiger im ganzen
Deutschen Reich finden werden, der für unsere erholungsbe-
dürftigen Schwestern die denkbar günstigste Lage hat, der für
die Anlage eines eigenen Friedhofes genug Raum bietet und
wo jede Umbauung ausgeschlossen ist, dann kann ich, trotz
der befürchteten Schwierigkeiten, die ich vollauf anerkenne,
mit dem besten Willen jetzt nicht davon ablassen. Wichtiger
wie diese mehr äußerlichen Dinge sind mir aber noch innere
Gründe, die mir einen Rückzug geradezu verhängnisvoll er-
scheinen lassen.

1. Schlagen wir uns selbst ins Gesicht, wenn wir einen
Platz fahren lassen, den uns, wie wir mit innerer Ruhe und
Zuversicht behauptet haben, der Herr gegeben hat.

2. Geben wir uns vor aller Welt die Blöße, daß wir die
Darbyisten fürchten und machen ihnen damit zugleich die
denkbar beste Konzession.

3. Wissen wir heute noch nicht, mit welcher Nachbarschaft
wir zu rechnen haben, wenn wir anderswo kaufen. So lange
wir die Darbyisten noch zum Volke Gottes zählen, kann ich
mir wohl vorstellen, daß uns noch unliebsamere Elemente ins
Gehege kommen könnten.[125]

Trotz Robert Kaisers Plädoyer für eine rasche Realisierung
des Ronsdorf-Projektes wurde weiter beraten, bis schließlich
der Erste Weltkrieg den Überlegungen zum Umzug ein vor-
läufiges Ende bereitete.

---

[125] Kaiser, Robert, Brief an Lieber Bruder Millard vom 19.12.1913; Bethanien-Archiv, Ordner Diakonissen Verein Bethanien.

Am 28. Juni 1914 wurde der österreich-ungarische Thronfolger Erzherzog Franz Ferdinand und seine Frau Sophie von einem serbischen Attentäter in Sarajewo ermordet und dieser eigentlich nichtige Anlass setzte innerhalb weniger Wochen den 1. Weltkrieg in Gang, in den Deutschland wegen Bündnisverpflichtungen ab 1. August 1914 involviert war. Da die Kriegsparteien hoch gerüstet waren, musste mit einem schrecklichen Gemetzel gerechnet werden. Das Diakonissenhaus Bethanien richtete sich auf Lazarettdienst ein und erließ folgenden

Aufruf!

Angesichts der gegenwärtigen großen Bedrängnis unseres geliebten Volkes und Vaterlandes soll es uns eine heilige Pflicht sein, mit allen nur verfügbaren Kräften und Mitteln helfend einzutreten für die Brüder, die zur Abwehr unserer Feinde und zum Schutz unserer Heimstätten auf den Schlachtfeldern Blut und Leben einsetzen. Zuerst und vor allem wollen wir mit unablässigem Gebet und Flehen hinter ihnen stehen. Aber das nicht allein: Wir wollen auch Hand anlegen, da, wo die Not uns ruft. Um hierfür bereit zu sein, haben wir beschlossen, in unserem Diakonissenhaus 14-tägige Kurse einzurichten, in denen Jungfrauen unserer Kreise zur Pflege der Verwundeten soweit als möglich ausgebildet werden, damit sie im Bedarfsfalle bereit stehen. Die Aufzunehmenden sollen 18 Jahre alt sein und haben ein ärztliches Gesundheitszeugnis mitzubringen. Für einfache Kost und Logis ist pro Tag 1 Mark zu vergüten. Außer den Unterrichts- und Lernstunden haben sich die Kursteilnehmer den Anordnungen der Oberin zu fügen und bei den häuslichen Arbeiten behilflich zu sein. Für solche, die aus eigenen Mitteln die Kosten nicht bestreiten können, werden gewiß die Gemeinden oder

*Versammlungen gerne eintreten. Anmeldungen sind zu rich-
ten an das ‚Diakonissenhaus Bethanien' zu Wetter an der
Ruhr, Friedrichstr. 17. R. Kaiser*[126]

Dem Aufruf folgten bis zum 19. August 17 junge Frauen,
am 20. August begann der erste Ausbildungskurs und am 7.
September der zweite. Im Diakonissenhaus standen 25 Betten
für verwundete Soldaten bereit und in einen anderen gemieteten Haus, das auch von Bethanien-Schwestern betreut wurde, wurden weitere 15 Betten vorbereitet.[127] Das Geld des Diakonissenhauses wurde knapp, aber dann gingen reichlich
Spenden ein. Wegen des Lazarettbetriebes wurde gegen Jahresende ein Umbau der Waschküche nötig. Einige Schwestern
wurden in Russland eingesetzt.[128] Friedrich Fries, Schriftleiter
des Gärtner, ließ Bibelteile für französische Kriegsgefangene
drucken.[129] Robert Kaiser lamentierte über den Krieg und die
schrecklichen Folgen:

*Während der Reiter auf dem roten Pferd (Offbg 6,4) un-
aufhaltsam weiterrennt um den Frieden zu nehmen von der
Erde, und der Feuer-, Blut- und Tränenstrom schon seit 3
Monaten mit unwiderstehlicher Gewalt die Völker durchflu-
tet, dürfen wir unter Gottes starkem Schutz unser Werk treiben, dürfen Friedensboten im Krieg und Lebensboten unter
den Toten sein! Wenn wir darüber nachdenken, daß viele
Millionen, die den furchtbaren Krieg ebenso wenig wollten
wie wir, in unsagbarem Elend ihre Tage kümmerlich fristen,
dann suchen wir vergeblich nach Worten, unseren tief emp-*

---

[126] Der Gärtner, 23. Jhrg., Nr. 33, 16. August 1914
[127] Der Gärtner, 23. Jhrg., Nr. 35, 30. August 1914, S. 272
[128] Der Gärtner, 23. Jhrg., Nr. 51, 20. Dezember 1914, S. 399
[129] Der Gärtner, 23. Jhrg., Nr. 40, 4. Oktober 1914, S. 308

fundenen Dank vor Gott auszusprechen! Diese unbegreifliche Gnade wurde mir gestern, als uns wieder 7 Verwundete gebracht wurden, so überwältigend groß, daß ich nachdem ich die jungen Krieger mit blassen Gesichtern, zerschossenen Gliedern, geplagt von rheumatischen Schmerzen angesehen hatte, eine Weile allein gehen mußte, um meinen Tränen freien Lauf zu lassen. Oh daß unser Volk doch diese Geißelhiebe unseres Gottes fühlen und sich in Wahrheit demütigen möchte unter seine gewaltige Hand! Wenn das geschieht, dann kann Gott mit uns sein, und uns, wie einst Ninive, vom Untergang erretten; geschieht es nicht, dann würde selbst ein vollkommener Sieg über unsere Feinde ein sehr zweifelhaftes Glück – vielleicht gar ein Unglück sein, das uns mehr Schaden brächte, wie die Niederlagen den von uns besiegten Völker. Daß der lebendige Gott, dessen Hand sich so schwer auf unser Volk gelegt hat, über die Genuß- und Putzsucht [gemeint ist die Sucht, sich aus Eitelkeit herauszuputzen; H.R.], sowie über den Unglauben in allen Schichten, zu einem völligen Siege gelange, sei unser inständiges Flehen vor dem Gnadenthron.[130]

Nachdem sein ältester Sohn am 19. März 1915 in Frankreich gefallen war schrieb Robert Kaiser in Der Gärtner:

*Mögen die Opfer, die jetzt von uns gefordert werden, unsere Herzen zerreißen, mögen heiße Tränen fließen ob dem Verlust lieber Brüder und teurer Familienglieder, mögen Berge weichen und Hügel hinfallen, **er** und sein ewiges Königreich muß uns doch bleiben. Daselbst werden wir auch alle wiederfinden, deren Verlust uns hienieden so sehr betrübt.*

---

[130] Der Gärtner, 23. Jhrg., Nr. 46, 15. November 1914, S. 360

Und das macht es uns möglich, ihn zu preisen und seinen Namen zu loben in der gegenwärtigen Trübsalszeit.

Im selben Artikel teilt er mit, dass in verschiedenen Arbeitsfeldern der Diakonissenanstalt seinen gewohnten Gang gehe und dass im Mutterhaus und der gemieteten Außenstelle 23 Soldaten behandelt werden und: „von denen, die als geheilt wieder zur Front entlassen wurden, sind leider schon etliche gefallen und andere zum zweiten Male verwundet. Möchten doch der Opfer bald genug gebracht sein!"[131] Das irrwitzige Gemetzel ging aber noch lange weiter, und im Oktober 1915 schrieb er: „Die von uns [mit Schwestern; H.R.] besetzten Krankenanstalten sind, abgesehen von einer Frauenklinik in Dresden, alle bis zum letzten Platz mit verwundeten Kriegern belegt."[132]

Mitte 1916 hatte der Diakonieverein Bethanien 66 Schwestern, die auf allen Stationen wegen der vielen Verwundeten zeitweilig überlastet waren. „Die wünschenswert erscheinende Ablösung übermüdeter Schwestern, konnte wegen Mangel an Nachschub, zu unserem Bedauern nicht immer erfolgen; und so blieb denn nichts anderes übrig, als im Blick auf den, der gesagt hat: ‚Wie dein Tag, so soll die Kraft sein' weiterzuarbeiten." Von den Schwestern arbeiteten 8 im städtischen Krankenhaus Eisleben, 7 in der Frauenklinik Dresden, 6 im Städtischen Krankenhaus Kirn an der Nahe, 6 in der Privatklinik Barmen (im Volksmund Knochenmühle, H.R.), 4 im Städtischen Krankenhaus Essen-Ruhr, 2 in Gemeinde und Kleinkinderschule Straßebersbach, 2 in Gemeinden im Kreis

---

[131] Der Gärtner, 24. Jhrg., Nr. 21, 23. Mai 1915, S. 167/168
[132] Der Gärtner, 24. Jhrg., Nr. 43, 24. Oktober 1915, S. 343

Bitterfeld, je 1 in den Gemeinden Winterthur und Wien, in den Kleinkinderschulen Katernberg und Oberndorf bei Feuchtingen und in der Lazarett-Nebenstelle Harkorthaus in Wetter. Im Lazarett im Mutterhaus waren durchweg 2 Schwestern tätig bei einer Höchstbelegung von 25 kranken Soldaten. „Für Hausleitung, Schreib-, Näh- und Bügelstube, Küche, Waschküche, Garten, sowie Alterspflege befanden sich durchgängig im Mutterhaus 8 bis 9 Schwestern (von denen ein Teil mit schwachen Kräften dient) nebst einigen Schülerinnen und Pensionärinnen."[133]

In Deutschland herrschte im Herbst 1916 Not und viele arme Familien mussten sich mühselig durchs Leben schlagen. Aber für das Diakonissenhaus Bethanien bekannte Robert Kaiser:

Tiefbewegt und von Herzen dankbar schaue ich auf das vor mir liegende Gabenverzeichnis vom Oktober. Oh ein bewährter, ein treuer Gott! Sein ist Silber und Gold, und er wird nicht müde im Darreichen seiner Schätze durch die Hände seiner Kinder. Anbetung seinem heiligen Namen! [...] Aus unserem Lazarett wurden am 13. November 13 Mann – zunächst in ihre Garnisonen – entlassen, und am gleichen Tage bekamen wir von der Westfront wieder 7 andere, die zum Teil elend sind. Gedenken wir der ausgerückten Männer, die sehr bald wieder an der Front sein werden, sowie der neuangekommenen vor dem Herrn, daß sein Wort in ihren Herzen Frucht bringe zum ewigen Leben! Es bewegt mich allemal aufs tiefste, die völlig erschöpften, zum Teil verbundenen oder in den Nerven zerrütteten Krieger zu sehen, wenn sie von blutiger Walstatt [Kriegsschauplatz; H.R.] nach langer ermü-

---

[133] Der Gärtner, 25. Jhrg., Nr. 29, 16. Juli 1916, S. 230

deter Fahrt ins Haus gebracht werden. Oh wie furchtbar ist doch der Krieg! Und wie köstlich der Friede! Oh Gott des Friedens, der du ausgeführt hast aus den Toten den großen Hirten der Schafe, erbarme dich der aus unzähligen Wunden blutenden Menschheit und erhöre bald unser Flehen und gib uns Frieden![134]

Die Kriegsnot verschärfte sich weiter in Deutschland im März 1917 schrieb selbst Robert Kaiser von „allgemeiner Not, unter der wir jetzt alle mehr oder weniger zu leiden haben" und von drei lebensgefährlich erkrankten Schwestern, von denen 2 kurz darauf starben.[135] In der Einladung zum 20. Jahresfest der Diakonissenanstalt Bethanien am 23. Juli 1917 werden die Besucher freundlich gebeten, ihren Brotbedarf angesichts der Bewirtungsschwierigkeiten selbst mitzubringen.[136] Medien mussten ab 1. Juli 1917 ihren Papierverbrauch gegenüber dem Vorjahr um 25% verringern, Papier war viermal so teuer wie im Vorjahr und im Dezember kündigte Der Gärtner an, dass er wegen Papiermangels und hoher Preise zukünftig nur noch seltener erscheinen könne.[137] Ab 1. Mai 1917 durfte er ins Ausland nur noch geliefert werden, wenn er vorher die staatliche Zensur passiert hatte.[138] Am Jahresende 1917 war die Zahl der Bethanien-Schwestern auf 71 gestiegen. Das Lazarett im Mutterhaus war während des Jahres durchweg mit 24 verwundeten und kranken Soldaten

---

[134] Der Gärtner, 25. Jhrg., Nr. 50, 10. Dezember 1916, S. 397/398
[135] Der Gärtner, 26. Jhrg., Nr. 11, 18. März 1917, S. 87 und Nr. 16, 22. April 1917, S. 27
[136] Der Gärtner, 26. Jhrg., Nr. 27, 8. Juli 1917, S. 215
[137] Der Gärtner, 26. Jhrg., Nr. 29, 22. Juli 1917, S. 232 und Nr. 51/52, 23. Dezember 1917, S. 400
[138] Der Gärtner, 26. Jhrg., Nr. 21, 27. Mai 1917, S. 168

belegt gewesen, die ebenfalls betreuten Nebenstellen in Wetter waren ebenfalls voll ausgelastet gewesen. Über die anderen Bethanien-Aktivitäten konnte aus Mangel an Papier resultierendem Platzmangel in Der Gärtner nicht berichtet werden.[139] Wenn auch materielle Güter äußerst knapp waren, so scheint doch der Geldstrom zum Diakonieverein über Erwarten gut geflossen zu sein. Über das am 30. Juni 1917 beendete Rechnungsjahr berichtete Robert Kaiser:

> *Reichlich, ja über unser Erwarten, hat auch uns der Herr versorgt, so daß wir das mit dem 30. Juni beendete Rechnungsjahr, nach den regelrechten Abschreibungen, mit einer ganz kleinen Unterbilanz von nur Mk. 62,85 abschließen konnten. Angesichts der maßlos hohen Preise für Bekleidungsgegenstände, Lebensmittel usw. sind wir dem Herrn sehr dankbar für diesen Abschluß und trauen ihm zu, daß er aus diesem Minus ein Plus machen wird! Ein lieber Bruder – unser Bücherrevisor, mit dem ich kürzlich diese Angelegenheit besprach – meinte, gerade jetzt, wo das Geld reichlich eingehe und verhältnismäßig wenig Wert habe, dürfte es wohl möglich sein, für die nach dem Kriege dringend notwendige Erweiterung unseres Werkes einen Grundstock zusammenzubringen. Ob der Herr ebenso darüber denkt, weiß ich nicht; aber ich hielt es doch für meine Pflicht, die gutgemeinten Gedanken des Bruders einmal auszusprechen, damit die lieben Leser Gelegenheit haben, sie zu erwägen und ihre Schlüsse daraus zu ziehen. Als eine ganz besondere Freundlichkeit des Herrn würden wir es dankbar begrüßen, wenn er uns in den Stand setzen wollte, unser schon vor dem Krieg gekauftes, prächtig gelegenes Baugrundstück bezahlen zu können, bevor*

---

[139] Der Gärtner, 27. Jhrg., Nr. 3/4, 20. Januar 1918, S. 13

mit der Bebauung desselben begonnen werden kann und muß. Gibt der Herr uns erst wieder ruhige Zeiten, dann müssen wir der Erweiterungsfrage unverzüglich nähertreten, wenn die Entwickelung unseres Werkes nicht ins Stocken geraten soll. Gerade in der letzten Zeit ließ der Herr unsere Schwesternzahl wachsen wie nie zuvor, so daß unser Haus augenblicklich tatsächlich bis zum letzten Platz besetzt ist. Dazu drängen noch besonders die vielen Aufnahmegesuche Altersschwacher, die sich nach dem Krieg wohl noch mehren dürften. Und endlich ist noch zu erwähnen die Waisensache, die infolge des Krieges wesentlich an Bedeutung gewonnen hat. Diese Ideen äußerte er in einer Zeit, in der auch klagte: *Gründliche, sehr gründliche Arbeit tut das Schwert des Herrn in dieser ernsten Zeit! Wie schmelzen die Nationen zusammen unter seinen wuchtigen Streichen! ‚Wann willst du doch aufhören!' so fragen auch wir schon seit Jahren und flehen gleich dem Propheten: ‚Fahre doch in die Scheide und sei stille!' Aber noch immer ist es gezückt und fordert täglich neue Opfer. Und wir wissen nicht, wie lange und wie weit es nach dem Befehl des Herrn noch schlagen muß. Aber eins wissen wir – und das ist unser Trost – es schlägt nicht willkürlich, es vernichtet keine Ewigkeitswerte und dient letzten Endes zur Vollendung des Königreichs Gottes. Wie sehr wir auch mit zu leiden haben, so haben wir doch keinen Grund den Mut zu verlieren und die Hände sinken zu lassen, solange uns der Herr noch Arbeitsmöglichkeit bietet; gilt doch auch unser Wirken, wenn es rechter Art ist, nicht der vergänglichen Welt, sondern dem ewig währenden Gottesreich.*[140].

---

[140] Der Gärtner, 27. Jhrg., Nr. 9/10, 3. März 1918, S. 34

Zum Jahresbeginn 1918 erschien in Der Gärtner ein ‚Mahnwort an die Freikirchlichen', in dem es hieß:

Je unwirtlicher es auf dieser Welt wird, desto mehr Herzen werden nach dem ewigen Vaterhaus und der Tür fragen. Bereiten wir uns für diese neuen, größeren Gelegenheiten vor. Wir müssen unsere Jugend, unsere Frauen, unsere schlichten Männer für den Zeugendienst einüben. Zum beschaulichen Ruhen auf der Kirchenbank ist nicht mehr Zeit. Es muß uns wieder mehr zum Bewußtsein kommen, daß das ‚Versammlungsbesucher-Christentum' eines großen Teils unserer Mitglieder eines wesentlichen Bestandes entbehrt, wenn es sich nicht bei der zum Angriff vorgehenden Arbeit für das Reich Christi tätig zeigt. Wir schließen den aus unserer Gemeinden aus, der die Gebote vom Stehlen, Töten, Huren übertritt; warum nehmen wir nicht auch die unter Gemeindezucht, die Jesu Missionsbefehl jahraus jahrein unbeachtet lassen? Wehe der Gemeinde, die des Herrn Werk lässig treibt! Vor uns dehnen sich weite Äcker, Freikirchliche! Jetzt gilt es, sie für den Heiland unter Arbeit zu nehmen! [...] Sind wir das Licht der Welt, dann soll es kein Dorf auf dieser Erde geben, in dem dieses Licht nicht seinen hellen Schein verbreitet. Dazu wird es immer notwendiger werden, dass wir Freikirchlichen einen gottgefälligen Einfluß auf die regierenden Kreise in Stadt und Land zu gewinnen suchen. Wir müssen gemeinsam unsere Stimme erheben gegen öffentliche Sünden unseres Volkes, müssen entschiedener für Freiheit des Gewissens und göttliches Recht eintreten, müssen an der Erstrebung öffentlicher Wohlfahrtsziele unseren Anteil leisten.[141]

---

[141] Der Gärtner, 27. Jhrg., Nr. 1/2 , 6. Januar 1918, S. 4

Im August 1918 war der mörderische Krieg immer noch im Gange und Robert Kaiser rang nach Worten:

Es ist mir nicht möglich, in Worten auszudrücken, was mein Herz beim Übergang vom 4. ins 5. Kriegsjahr empfindet. Wie gewaltig ernst hat der Allmächtige geredet! Was mag der Zukunft Schoß noch bergen? ‚Wie gar unbegreiflich sind seine Gerichte und unerforschlich seine Wege!' Stille, ganz stille wollen wir sein und es in kindlichem Glauben festhalten: ‚Der Herr wird für euch streiten!' ‚Der Herr wird für euch streiten, Herr ist sein Name!' ‚Ist Gott für uns, wer mag wider uns sein?' Trotz einer Welt voll Feinden, die uns den Hungertod geschworen, hat er uns noch jeden Tag den Tisch gedeckt, ‚hat uns viel Gutes getan und vom Himmel Regen und fruchtbare Zeiten gegeben, unsere Herzen erfüllet mit Speisen und Freude' (Apgesch 14,17) Die wunderbare Tatsache, daß und die Art und Weise, wie er uns durchgebracht, stimmt unsere Herzen zum Loben und Danken, zum Preisen und zur Anbetung! Ihm gebührt allein die Ehre.[142]

Am 11. November 1918 ging das irrsinnige Töten endlich zu Ende, kurz nachdem Robert Kaisers 17 jährige Tochter Maria einer Grippe zum Opfer gefallen war. Deutschland und Österreich hatten den Krieg verloren. Etwa 17 Millionen Menschen waren ums Leben gekommen. Unter dem Titel ‚Silvesterklänge' schrieb Robert Kaiser zum Jahresende:

Da sich das ereignisreiche Jahr 1918 seinem Ende zuneigt, fühle ich das lebhafte Bedürfnis, allen verbundenen Geschwistern und Freunden noch einige Worte zuzurufen. Zuerst müssen wir voll Lob und Dank das letzte Stück Weges über-

---

[142] Der Gärtner, 27. Jhrg., Nr. 35/36, 1. September 1918, S. 159

schauen, das wir an der starken Hand unseres Heilands in der langen schweren Kriegszeit zurückgelegt haben. Viele Millionen sanken auf den Kriegsschauplätzen in den Staub, wurden zu Krüppeln, gingen zugrunde an Mangel allerart, Tausende wurden brot-, obdach- und heimatlos. Und wir blieben bewahrt vor dem allem! Welche unverdiente Güte! Gewiss haben auch wir alle die Not des Krieges sattsam empfunden, haben Verluste teurer Angehörigen zu beklagen, hatten oft Gelegenheit, zu weinen mit den Weinenden; aber wie leicht war doch unser Los im Vergleich mit dem Lose vieler unserer Mitmenschen. Dazu hatten wir das selige Vorrecht, der an unzähligen Wunden sich schier verblutenden Menschheit mit unserer ‚kleinen Kraft' zu dienen, Friedensboten im Kriege, Lebensboten unter den Toten zu sein. [...] Wie lange der Tag unseres Wirkens noch währt, wissen wir nicht; hat doch der Herr auch unsere Reihen gelichtet und manchen teuren Bruder, und manche liebe Schwester abgerufen vom Arbeitsfeld. Ihr früher Feierabend soll uns mahnen, die uns noch zugedachte Arbeits- und Zubereitungszeit im Blick auf die Ernte der Ewigkeit gewissenhaft auszukaufen.[143]

Das deutsche Kaiserreich war untergegangen, eine neue Republik und neue Parteien formierten sich. Der Gärtner behandelte die Frage ‚Welcher politischen Partei kann ein Gläubiger angehören?' und fand darauf keine einfache Antwort. Er riet: „Wir müssen also die rechte Wegweisung in den allgemeinen Richtlinien suchen, die für das Leben eines Gotteskindes maßgebend sind." Und erklärte:

Parteienpolitik ist immer und überall selbstsüchtige Interessenpolitik und führt darum notwendig zu Zank und Streit.

---

[143] Der Gärtner, 27. Jhrg., Nr. 51/52, 29. Dezember 1918, S. 217

Selbstsucht und Streit ist aber nicht nach dem Willen Gottes, weder bei den Konservativen noch bei den Sozialdemokraten. Darum bleibt ein entschiedener Christ am besten dem Parteiengetriebe möglichst fern. Es ist nicht nötig, daß man sich einer bestimmten Partei als Mitglied anschließt. Will man es aber tun, so werden dabei dieselben Gründe maßgebend sein, die wir nachstehend für die Betätigung des Wahlrechts aufstellen möchten. – Wie die Familiengemeinschaft jedem Mitglied die Pflicht auferlegt, für das Wohl des Ganzen mitzusorgen, so auch die Volksgemeinschaft. Es darf einem Christen nicht gleichgiltig sein, wie das Volk regiert wird. Und weil die Regierung jetzt noch mehr als früher von der Volksvertretung abhängig sein wird, so haben wir auch als Christen umso mehr die Pflicht, unser Wahlrecht auszuüben und dadurch an dem Zustandekommen einer möglichst guten Volksvertretung mitzuwirken. Und wenn uns jetzt das Frauenwahlrecht als fertige Tatsache vor die Füße gelegt wird, so erwächst daraus auch unseren Frauen, so befremdlich es ihnen sein mag, die unabweisbare Wahlpflicht. Wer sich dieser Pflicht entzieht, ob Mann oder Frau, der trägt mit die Schuld, wenn die schlimmsten Elemente die Oberhand bekommen. [...] Für einen gläubigen Christen ist es natürlich ausgeschlossen, daß er seine Stimme in die Waagschale einer Partei legt, deren Grundsätze gottwidrig und christusfeindlich sind und auf die Auflösung göttlicher und menschlicher Ordnungen hinauslaufen. Vielmehr wird er seinen Wahlzettel dort abgeben, wo man noch am ehesten für christliche Grundsätze und göttliche Ordnungen, für Zucht und Sitte eintritt.[144]

---

[144] Der Gärtner, 27. Jhrg., Nr. 51/52, 29. Dezember 1918, S. 218

Nach dem verlorenen Krieg rechnete Robert Kaiser im ersten Vierteljahr 1919 mehrfach heftig mit Mitgliedern der deutschen geistigen Elite ab, denen er vorwarf, das Volk mit ihrem Geschwätz in die Irre geführt zu haben.

Haarsträubend ist es, wie unser Volk während der langen ernsten Kriegszeit von Kanzeln und Kathedern herunter, in Wort und Schrift, berauscht worden ist mit dem albernen Geschwätz vom deutschen Gott, vom deutschen Glauben, deutscher Treue, deutscher Gesittung und dem deutschen Wesen, an dem die Welt genesen müsse. Stattdessen hätte man ihm das unverfälschte Evangelium, die Buße zu Gott und den Glauben an unseren Herrn Jesus Christus' verkündigen sollen [...] Jetzt ist es Zeit, das Wort vom Kreuz hineinzurufen ins wild bewegte Völkermeer. Das ist unsere Aufgabe.[145]

Wenn unsere Zeit auch die Zeit der allgemeinen Aufklärung genannt wird, so schließt das nicht aus, daß sich die breite Masse des Volkes von seinen geistigen Führern leiten läßt wie eine Herde Hämmel. Jene, die geistigen Führer unseres Volkes, haben im Namen der exakten Wissenschaft unserm Volke den Glauben an Himmel und Hölle systematisch aus dem Herzen gerissen und damit die Fundamente der Gesellschaft leichtsinnig zerstört. Wie manche Philosophen, Professoren, Pastoren und Lehrer haben durch Wort und Schrift unser Volk vergiftet und mit Hilfe einer gottlosen Presse jeglichen Haltes beraubt, so daß der gegenwärtige Zusammenbruch kommen mußte. [...] Und was soll nun werden? Wird Gott unserem Volk eine neue Gnadenzeit gewähren? Wir hoffen es! Bestimmt erwarten können wir es nicht. Nach menschlicher Logik wäre zu erwarten, dass Gott schon jetzt mit den

---

[145] Der Gärtner, 28. Jhrg., Nr. 3/4, 28. Januar 1919, S. 10

Nationen, die das Evangelium von Jesu verworfen haben,
endgültig abrechnen und sich seinem alten Bundesvolke wie-
der zuwenden werde.[146]

Beim traditionellen Jahresfest des Diakonievereins im August 1919 sollten nach Ihrer Probezeit sieben neue Diakonissen eingeführt werden. Tatsächlich wurden nur 3 feierlich eingesegnet, weil die anderen überraschend verstorben waren. Seit Beginn der Arbeit im Jahre 1897 waren schon 11 Schwestern gestorben. So wurde die Frage gestellt:

Sind nicht hin und her in den Gemeinden wackere Jung-
frauen – oder, was wir nach den Kriegsjahren, die so mancher
Ehe ein schnelles Ende bereitet haben, auch erwähnen wollen
– Witwen, die gerne dem Herrn, der sie so teuer erkauft hat,
an den Kranken oder den Kleinen oder in irgendeiner vom
Herrn zu bestimmenden Weise als Diakonissen dienen wol-
len? Es ist ein ernster, nicht leichter Beruf. Und doch gibt es
für solche, die darin wirklich dem Herrn dienen möchten,
kaum einen schöneren, befriedigenderen Beruf auf Erden. Das
Mutterhaus braucht auch allerlei Leute für mancherlei Posten
und Aufgaben in Haus, Garten, Waschküche, Schreibstube
usw., so daß mancherlei Gaben zur nützlichen Verwendung
kommen können. Hast du, liebe Leserin, schon die Frage er-
wogen, ob der Herr dich nicht im Diakonissenberuf brauchen
könnte?[147]

Der Zeitgeist beeinträchtigte den Reiz des Diakonissenberufes, wie auf einer Konferenz der freikirchlichen Diakonievereine im Mai 1920 zum Ausdruck kam. Ein Direktor Weischedel zeigte in einem Referat ,Unsere Schwesternschaft und

---

[146] Der Gärtner, 28. Jhrg., Nr. 5/6, 9. Februar 1919, S. 17
[147] Der Gärtner, 28. Jhrg., Nr. 34, 24. August 1919, S. 166

der Zeitgeist' vier Aspekte auf: „Man will nicht dienen, sondern sich dienen lassen; nicht gehorchen, sondern selbst bestimmen; nicht bitten, sondern fordern; sich nicht verleugnen, sondern genießen." Diesen zersetzenden Ideen müsse man die bewährten Grundsätze der biblischen Diakonie entgegensetzen, forderte er, meinte aber auch: „Wo es ohne Schädigung der biblischen Grundlagen möglich ist, müssen wir den Bedürfnissen der Zeit entgegenkommen." Auf dieser Konferenz vereinten sich 8 Freikirchliche Diakonissenvereine mit zusammen 1350 Schwestern zu einem ‚Verband evangelisch Freikirchlicher Diakonissenmutterhäuser Deutschlands'. Robert Kaiser wurde Mitglied des geschäftsführenden Ausschusses des Verbandes.[148]

Außer dem Zeitgeist dämpfte auch materielle Not die Bereitschaft mancher junger Frauen, Diakonisse zu werden. Denn prinzipiell sollten sie ihre Kleidung und einige andere Ausstattungsgegenstände selbst mitbringen:

Eintrittsbestimmungen.[...] 8. Beim Eintritt in das Diakonissenhaus ist eine entsprechende Ausstattung mitzubringen [...] Das Verzeichnis der Ausstattungsgegenstände, welche aber auch von der Anstalt gegen Vergütung verabfolgt werden, wird zugesandt. 9. Falls eine Schwester nicht in der Lage ist, die vorgeschriebene Ausstattung aus ihren eigenen Mitteln zu beschaffen, wende sie sich diesbezüglich an die Oberin, da dieser Umstand, wenn sonst die nötigen Vorbedingungen da sind, kein Hindernis für die Aufnahme sein soll.[149]

---

[148] Der Gärtner, 29. Jhrg., Nr. 24, 13. Juni 1920, S. 195/196
[149] Ordnungen des Diakonie-Vereins Bethanien in Wetter a. d. Ruhr, 1901, Buchdruckerei der Stadtmission in Witten, S. 5, Bethanien-Archiv

Die für Bethanien Schwestern angemessene Kleidung wurde so beschrieben:

Wie Gott in der ganzen Schöpfung ein jegliches nach seiner Art bekleidet hat, so ist es auch seinem Willen gemäß, daß wir Menschen, je nach Stellung und Beruf, anständig und entsprechend bekleidet sein sollen. Einer Diakonisse, einer Dienerin des Herrn, eignen also vor allem Dienstkleider, das heißt Kleider, mit denen sie sich in allen Gesellschaftskreisen, bei Armen und Reichen, frei bewegen kann und zum Dienst gerüstet ist. Hieraus ergibt sich also ganz von selbst, daß die Wäsche durchaus einfach und schlicht sein muß. Auffallende Spitzen und Festons, die ja auch das Waschen und Bügeln sehr erschweren, dürfen deshalb nicht getragen werden. Ebenso sind zu helle oder gar weiße Unterkleider nicht gestattet. Beim Eintritt in die Anstalt soll die Schwester ihre mitgebrachten Sachen vorzeigen, damit das Ungeeignete ausgeschieden oder verändert wird. Was sich die Schwester in der Anstalt selbst anschafft, muß ebenfalls dieser Forderung entsprechen.[150]

Eine im Jahr 1927 ausgefüllte Liste der Ausstattungsgegenstände, die eine Schwestern-Schülerin mitbringen sollte, sofern sie dazu in der Lage war, enthält folgende Gegenstände:

1 Taschenbibel
1 Schwarzen Mantel oder Pelerine
1 Schwarzes Cheviot Kleid (nach Vorschrift)
3 Baumwollkleider (gedruckt)
6 Schürzen, gedruckt (nach Vorschrift)

---

[150] Ordnungen des Diakonie-Vereins Bethanien in Wetter a. d. Ruhr, 1901, Buchdruckerei der Stadtmission in Witten, S. 13, Bethanien-Archiv

6 Schürzen, weiß
4 Unterröcke (wollene dunkelfarbig)
4 Beinkleider für den Sommer
4 Beinkleider für den Winter
6 Untertaillen
12 Hemden
12 Strümpfe (dunkelfarbige) Paar
12 Bettjacken
18 Taschentücher
6 Handtücher
2 Schwarze Handschuhe Paar
je 1 Kamm, Kleider-, Zahn- und Nagelbürste 1 Paar Lederstiefel, Pantoffel oder Halbschuhe
1 Lederne Handtasche (verschließbar nach Vorschrift)
1 Schließkorb (mit Namen und Nummer)
1 Umschlagtuch (nach Vorschrift)
1 Regenschirm
1 Taschenuhr mit Sekundenzeiger

Entsprechende Kleider, Schürzen usw., die eine Schwester vorher trug, kann sie mitbringen und im Diakonissenheim gebrauchen. Die Ausstattungsgegenstände müssen neu oder doch gut erhalten und mit dem Namen und Nummern versehen sein. Falls eine Schwester nicht imstande ist, die vorgeschriebene Ausstattung zu beschaffen, wende sie sich diesbezüglich an die Oberin, und es soll, wenn sonst die Zeugnisse gut sind, die Aufnahme dadurch nicht verhindert werden. Das von der Anstalt Verabfolgte bleibt Eigentum derselben.[151]

---

[151] Austattungsgegenstände, welche die in das Diakonissenheim ,Bethanien' in Aufderhöhe, Kr. Solingen, eintretenden Schülerinnen mitbringen

Im Jahre 1920 war der Diakonie-Verein in der Lage, in Schalksmühle für 35.000 Mark ein Haus mit Garten zu kaufen, das zum Altersheim werden sollte, sobald die gegenwärtigen Mieter das Haus verlassen hatten. Eine weitere Ausdehnung des Arbeitsfeldes geschah auf der Nordsee-Insel Langeoog, wo der Betrieb eines Erholungsheims für 22 Gäste übernommen wurde. Ein Bruder der Oberin Hanna Hoevel, der Kaufmann August Hoevel aus Wesel, hatte die ‚Villa Claassen' zunächst auf eigene Rechnung für ein Jahr gemietet und dem Diakonissenmutterhaus Bethanien überlassen, um vorrangig Predigern, sonstigen ‚Reichsgottesarbeitern aus unseren Kreisen' und Bethanien-Schwestern einen preisgünstigen Erholungsurlaub am Meer zu ermöglichen.[152] Die Nachfrage war so gut, dass schon im Frühjahr 1921 ein weiteres Erholungshaus ‚Post' mit 40 Betten und Speisesaal für 70 bis 80 Gäste hinzugemietet wurde, 5 Minuten von der Villa Claassen entfernt.[153] Aus diesen Anfängen entwickelte sich das heutige (2017) Ferien und Tagungszentrum Hotel Haus Bethanien mit 74 Gästezimmern.

Das mit großen Plänen 1912 gekaufte Grundstück im heutigen Wuppertal-Ronsdorf wurde 1921 für 37.000 Mark an die Stadtgemeinde Barmen verkauft.[154] Sein Baumbestand war in der entbehrungsreichen Nachkriegszeit sehr geschwunden, weil bei Nacht und Nebel ganze Wagenladungen Holz ge-

---

sollen, sofern sie dazu imstande sind. Bethanien-Archiv, Ordner Schulentlassungszeugnisse.

[152] Vgl. Der Gärtner, 29. Jhrg., Nr. 26, 27 Juni 1920, S. 213

[153] Der Gärtner, 29. Jhrg., Nr. 12, 20. März 1921, S. 94 (Die Jahrgangsbezeichnung der Gärtner war in dieser Zeit nicht durchgängig logisch; die Erscheinungsdaten der zitierten Ausgaben sind deshalb wichtig.)

[154] Bethanien-Archiv

stohlen wurden. Robert Kaiser scheint den Abgang des Grundstückes an der Parkstraße in Ronsdorf sehr bedauert zu haben; er schrieb 1930, ob das Projekt „ein Irrweg war oder nicht, darüber möchte ich heute nicht entscheiden."[155]

In den politisch und wirtschaftlich chaotischen Zeiten nach dem ersten Weltkrieg kam es in Deutschland 1921 zu einer rasch anschwellenden Inflation mit der Folge einer zunehmenden Verarmung großer Teile der Bevölkerung. In Der Gärtner wurde beklagt: „Auch bei uns kommt's zur Warenstockung und zugleich geht die Arbeitslosigkeit wie ein Gespenst um und das bedeutet für uns Unruhen, Aufruhr, Zerstörung. Und die Notenpresse in Berlin arbeitet immer fieberhafter".[156] Trotz dieser wirtschaftlichen Notlage konnte Robert Kaiser beim 25. Jubiläum der Diakonissenarbeit im August 1921 dankbar mitteilen: „Weit über Bitten und Verstehen hat der Herr geholfen. Schon äußerlich hat der Herr so wunderbar geholfen, daß wir bis zu diesem Augenblick noch keinen Menschen um irgendeine Gabe für unser Diakonissenwerk zu bitten brauchten. Er selbst hat es übernommen, Herzen und Hände zum Darreichen von allerlei Gaben willig zu machen, so daß uns nur die selige Pflicht des Dankens zu erfüllen übrig blieb." Die Bethanien Schwestern arbeiteten zu diesem Zeitpunkt in den städtischen Krankenhäusern in Kirn an der Nahe und Eisleben, in Privatkliniken in Dresden und Barmen, in einem Altenheim in Eisleben, in einem Kinderhort in Ronsdorf, in einem Waisenhaus in Neukirchen, in einer Kleinkinderschule in Waldebersbach, wo auch noch eine

---

[155] Kaiser, Robert, Aus der Not geboren, 08.09.1930, S. 6; Bethanien-Archiv, Ordner ‚Die Anfänge, eine Erinnerung'.
[156] Der Gärtner, 29. Jhrg., Nr. 12, 20. März 1921, S. 94

Gemeindeschwester tätig war. Weitere Gemeindeschwestern waren in Wien, Düsseldorf, Rösa, Salzfurth, Schöna, Quellendorf und Hinsdorf stationiert, und in Bad Lippspringe und auf Langeoog waren Schwestern in Erholungsheimen tätig; außerdem wurden noch Privatpflegen übernommen, wenn die Kapazitäten reichten. Obwohl seit der Gründung des Mutterhauses schon 15 Schwestern verstorben waren, gab es Mitte 1921 75 Bethanien-Schwestern. Zu dem 25. Jubelfest waren über 1000 Gäste gekommen.[157]

In der Öffentlichkeit tauchten damals Hakenkreuze auf und Leseranfragen, was es damit auf sich habe, beantwortete ein W. (vermutlich Wilhelm Wöhrle, der Schriftleiter) im Gärtner: „Heute ist es (das Hakenkreuz H.R.) jedenfalls das Sinnbild des modernen Heidentums, das sich unter dem Namen ‚deutscher Glaube‘ in unserem Vaterland ausbreitet." Er zitierte die Aussage eines Führer der sog. Alldeutschen, Freiherr Ernst von Wollzogen: „Christentum und Deutschtum sind ewig unversöhnliche Gegensätze" und „So sei unser Heilszeichen anstelle des Kreuzes das Hakenkreuz als Sinnbild des rollenden Sonnenfeuerrades."[158] Deutliche Warnung an die freikirchliche Leserschaft des Gärtners vor Hakenkreuz und deutschen Glauben!

Die wirtschaftliche Krise verschärfte sich im Laufe des Jahres 1921. Auf ‚Liebesgaben‘ angewiesene Wohlfahrtseinrichtungen sahen sich durch eine 10 % betragende Steuer bedroht, die den Spendern auferlegt wurde[159], und Ende November berichtete Der Gärtner von einer entsetzlichen Notla-

---

[157] Der Gärtner, 29. Jhrg., Nr. 34, 21. August 1921, S. 353-355
[158] Der Gärtner, 29. Jhrg., Nr. 34, 21. August 1921, S. 358
[159] Der Gärtner, 29. Jhrg., Nr. 46, 13. November 1921, S. 549

ge der Anstalten der Inneren Mission, von denen viele schon geschlossen seien oder bald schließen müssten.[160] Drei Wochen später wurde gemeldet, dass wegen fehlender Rohstoffe Papiernot drohe und das Erscheinen von Zeitungen und Zeitschriften gefährdet sei.[161] Ende Juli 1922 schrieb Robert Kaiser:

> *Es gibt wohl zur Zeit keine Reichgottesarbeit, die durch ernstere Krisen geht als die weibliche Diakonie. Kaiserswerth seufzt unter einer ungeheuren Schuldenlast; Bethel weiß seine tausende nicht mehr durchzubringen und sendet einen Notschrei nach dem anderen in die Welt hinaus [...] Teurung ist über uns hereingebrochen und zwar eine Teurung, wie sie seit Menschengedenken den Erdkreis nicht heimgesucht hat [...] Natürlich haben auch wir uns einrichten müssen und waren genötigt, unsere Ansprüche an Nahrung und Kleidung der Zeit anzupassen; aber das dürfen wir zur Ehre unseres Gottes vor aller Welt bezeugen, daß wir unseren finanziellen Verpflichtungen nachkommen konnten, ohne irgend einen Menschen um eine Gabe angehen zu müssen. Auch unsere Schwestern konnten wir mit Taschengeld, Kleidern usw. regelmäßig versorgen, so daß auch sie keinen Mangel gelitten haben.*

Auf allen Stationen konnte weiter gearbeitet werden und es war sogar noch eine kleine Ausweitung möglich geworden: In Endbach und Holten konnte je eine Gemeindeschwester stationiert werden und auf der Insel Java (im heutigen Indonesien) eine Missionsschwester. Die im Vorjahr begonnene Arbeit auf Langeoog hatte sich bewährt und die Nach-

---

[160] Der Gärtner, 29. Jhrg., Nr. 48, 27. November 1921, S. 527
[161] Der Gärtner, 29. Jhrg., Nr. 51, 18. Dezember 1921, S. 627

frage nach Plätzen in den Erholungshäusern war größer als das Angebot. Man hoffte, diese Arbeit fortsetzen und ausbauen zu können. „Doch der Mensch denkt und Gott lenkt! Ist es sein Wille, daß wir auf Langeoog weiterarbeiten sollen, dann wird er es uns auch möglich machen. Auf seine Weisung wollen wir warten."[162]

Die oben beklagte Teuerung äußerte sich beispielsweise darin, dass sich im Vergleich zur Vorkriegszeit die Preise für Milch um das 48fache und für Kartoffeln um das 100fache erhöht hatten und „daß bei den meisten Deutschen heute gegen die Vorkriegszeit ein Drittel bis die Hälfte des Einkommens fehlt."[163] Und es kam noch schlimmer, die Inflation beschleunigte sich weiter und trieb immer mehr Menschen ins Elend. Kurz vor Weihnachten 1922 druckte Der Gärtner den Artikel ,Wie man sich um die Hälfte billiger ernährt', in dem Prof. Dr. E. Dennert auf Basis der Ernährungsphysiologie „ein höchst einfaches Rezept zur Lösung unserer gegenwärtigen Ernährungsnot (ausgab): Man zerkaue jeden Bissen im Munde so lange, bis er flüssig geworden ist; was sich soweit nicht zerkauen läßt, entferne man aus dem Mund, wie man es ja auch mit Kirschkernen und Gräten tut." Der Gärtner empfahl Familienvätern:

Man gebe seinen Jungen, die bekanntlich immer Hunger haben, eine dicke Schnitte Schwarzbrot ohne jeden Belag und lasse sie nun um die Wette kauen; wer am längsten kaut und es in der Zahl der Kaubewegungen am höchsten bringt, der versteht das Fletschern, so nennt man diesen Sport, am besten. Hinunterschlucken darf man dabei überhaupt nicht; man

---

[162] Der Gärtner, 30. Jhrg., Nr. 32, 30. Juli 1922, S. 490/491
[163] Der Gärtner, 30. Jhrg., Nr. 32, 30. Juli 1922, S. 490

kaut, bis nichts mehr im Munde ist. Es ist erstaunlich, wie
bald man ,richtig satt' ist und wie gut und süß das nicht
margarinisierte Brot schmeckt.[164]

Im Januar 1923 fielen rund 100.000 französische und belgi-
sche Soldaten ins Ruhrgebiet ein, um deutsche Reparations-
leistungen zu erzwingen. Die deutsche Bevölkerung reagierte
mit Streiks und passivem Widerstand, dem die fremden Be-
satzer mit brutaler Gewalt wie Erschießen von Streikenden
und Ausweisungen von mehr als 150.000 Deutschen aus dem
besetzten Gebiet begegneten. In Deutschland entstand eine
enorme Wirtschaftskrise und eine Hyperinflation, die eine
Verelendung großer Massen zur Folge hatte. Schon bald nach
dem Beginn des französisch-belgischen Überfalls schrieb Der
Gärtner:

Der Fluch der bösen Tat besteht vor allem darin, daß sie,
wie Schiller sagt, fortzeugend Böses gebären muß. Das veran-
schaulichen die Franzosen mit ihrer Gewaltpolitik im Indust-
riegebiet. Sie haben nun schon über 1000 Beamte ausgewie-
sen, haben vielfach den Eisenbahnern ihre Dienstwohnungen
beschlagnahmt und den Bewohnern kaum zwei Stunden Zeit
gelassen, ihre Habseligkeiten zusammenzupacken. Bei dem
eingesetzten strengen Frost und der ohnehin großen Woh-
nungsnot soll durch solche Maßnahmen die Widerstandskraft
der deutschen Beamten zermürbt werden. Die Stadt Gelsen-
kirchen sollte dafür, daß ein Polizeibeamter sich seiner Haut
wehrte – wobei er sein Leben lassen mußte – noch eine Geld-
buße von 100 Millionen Mark zahlen. Als die Stadt das ver-
weigerte, kamen die Franzosen her und entwendeten allen
Straßenpassanten, die größere Geldsummen bei sich trugen,

---

[164] Der Gärtner, 30. Jhrg., Nr. 51, 17. Dezember 1922, S. 797-799

deren ganzen Besitz, Lohngelder usw., so daß die heldenhaften Truppen in kurzer Zeit nach ihren eigenen Angaben weit über 100 Millionen geraubtes Geld in Händen hatten. – Neuerdings werden von den Franzosen ungeheuerliche Freiheitsstrafen für Beamte verhängt, die sich weigern, ihren Befehlen nachzukommen. So wurde Oberbürgermeister Havenstein von Oberhausen zu drei Jahren Gefängnis verurteilt, weil er den von Franzosen besetzten Bahnhof nicht mit elektrischem Licht belieferte, und Bürgermeister Schäfer von Essen zu zwei Jahren Gefängnis und fünf Millionen Mark Geldstrafe, weil er französische Requisitionsbefehle nicht ausführte. Diese Märtyrer der deutschen Freiheit werden Tausende durch ihr Beispiel zu gleichem Widerstand stärken. – Die Franzosen bemühen sich, das Industriegebiet vollständig vom übrigen Deutschland abzuriegeln, und wenn sie selbst auch keinen Vorteil davon haben, so freuen sie sich doch an dem Schaden, den das verhaßte Deutschland erleidet. Wohin diese Gewaltpolitik noch führen wird, wer kann es wissen? Sie bringt weder für die Feinde noch viel weniger für unser Vaterland Gutes; die härteste Not steht uns noch bevor, wenn die Fabriken wegen Mangel an Rohmaterial und Absatzmöglichkeiten schließen müssen. Aber selbst wenn der Widerstand der Deutschen nachlassen würde, würde es uns erst recht schlecht ergehen. Wir wären dann in der Sklaverei der Franzosen und diese wären ihrem Ziel, der Weltherrschaft, damit wesentlich näher gekommen. Rheinland-Westfalen ist damit der Prellbock, der den Machtgelüsten der Welschen im Wege ist. – Übrigens muß um der Wahrheit willen hervorgehoben werden, daß selbst einzelne französische Offiziere und vorwiegend französische Christen die Gewaltpolitik Poincares nicht gutheißen." Auf derselben Seite berichtet Der Gärtner: *Die Botschafterkonferenz hat das zu 98% deutsche Memel-*

land den Litauern zugesprochen. Das Selbstbestimmungs-
recht der Völker ist also aufs Neue mit Füßen getreten, und
das großmütige England, das einst angeblich für den Schutz
der kleinen Nationen in den Weltkrieg eingriff, hilft mit an
der Vergewaltigung kleiner Völker.[165]

Den Boden, auf dem später der Nationalsozialismus prächtig gedieh, haben insbesondere französische und englische
Regierungen in den frühen 1920er Jahren ordentlich vorbereitet. Die Verurteilung evangelischer Pfarrer von Bacharach
und Simmern durch ein französisches Militärgericht 1923
wegen Aufwiegelung, Störung von Ruhe und Ordnung und
Beleidigung der Besatzungstruppen und das Verhaften eines
Pfarrers aus Eschweiler durch die Besatzungsbehörden ohne
Angabe von Gründen und die Ausweisung seiner Familie
innerhalb von 4 Tagen[166] waren unrühmliche Vorläufer später von Nazis in großer Zahl verübter Schandtaten. Der Wirt-
schaftskrise waren bis Ende Juli 1923 523 christliche Blätter
zum Opfer gefallen und andere hatten starke Auflagenein-
brüche zu verkraften.[167] Im Herbst gab die Frauenklinik Dr.
Kaiser in Dresden auf, in der auch Bethanien-Schwestern tätig waren. Der Gärtner sagte voraus: „Ein furchtbar schwerer
Winter steht uns bevor. Hunger und Kälte treffen viele ohne
alle Abwehrmöglichkeiten an. Niemand konnte ja bei dem
sinkenden Geldwert für die Zeit der Not sparen, um etwas
Kartoffeln und Kohlen einkellern zu können. Nun handelt es
sich für Millionen, das nackte Leben fristen zu können. […]
Man glaubt, ein Stück Wildwest zu sehen, wenn man durch

---

[165] Der Gärtner, 31. Jhrg., Nr. 9, 4. März 1923, S. 138
[166] Der Gärtner, 31. Jhrg., Nr. 30, 29. Juli 1923, S. 443
[167] Der Gärtner, 31. Jhrg., Nr. 30, 29. Juli 1923, S. 442

die Geschäftsstraßen vieler Städte im Industriegebiet geht und sieht alle Schaufensterscheiben mit Brettern vernagelt. Im Rheinland werden die Felder von großen, wohlorganisierten Banden geplündert."[168] Wegen der drückenden Not mancher Familien hatte das Diakonissenhaus Bethanien schon im Mai 1923 Kinder in landwirtschaftliche Familien in Hessen und in der Schweiz vermittelt, wo sie besser versorgt werden konnten. Als sie im September zurückkamen, freute sich Robert Kaiser, „daß die gute Landkost eine recht bedeutende Gewichtszunahme bewirkt hat" und hoffte, dass in Zukunft solche sehr schwer zu organisierenden Unternehmungen nicht mehr nötig seien.[169] Auch im Mutterhaus Bethanien hatte die Naturalwirtschaft sehr beim Überstehen der Krise und der Hyperinflation geholfen, wie Robert Kaiser in einem Gedicht sehr anschaulich schilderte:

Rückblick auf das schwere Jahr 1923

Freundlich hat uns Gott gegeben
in dem Jahr der Teuerung,
was wir brauchten für das Leben:
Nahrung, Kleidung, Feuerung.
Aus dem schönen Scheederwalde
kam das Holz, gar dick und schwer,
und von schwarzer Kohlenhalde
kamen Koks und Kohlen her.

Doch nicht nur ans Heizen dachte
unser Gott, er tat noch mehr:
Aus dem Hessenlande brachte

---

168 Der Gärtner, 31. Jhrg., Nr. 45, 11. November 1923, S. 685
169 Der Gärtner, 31. Jhrg., Nr. 41, 14. Oktober 1923, S. 620

er Kartoffel zu uns her.
Überdies noch brachten Brüder
uns auf seinen Machtbefehl
mit dem Fahrrad hin und wieder
Brot und Fleisch und Milch und Mehl.

In der Näh und in der Ferne
regte sich der Liebe Macht.
Lebensmittel haben gerne
Brüder, Schwestern uns gebracht.
Allen sei an dieser Stätte
herzlich, innig Dank gesagt,
die einander um die Wette
sich für uns gemüht, geplagt!

Morgens schon in aller Frühe
zogen in den Wald hinaus
unsere Schwestern und mit Mühe
machten sie die Stubben aus.
Mit zwei Wagen, hochbeladen,
kamen gegen Mittag dann
von des Waldes rauen Pfaden
fröhlich sie zu Hause an.

Unsre Langendreer Brüder
haben sich dann aufgemacht,
aufzulesen treu und bieder
Koks, und den rasch hergebracht.
Auch noch Holz, auf kleinen Wagen
brachten sie's und machten's klein,
halfen, die Kartoffel tragen
in den Keller uns hinein.

Reparierten kranke Schlösser,
machten wunde Schuhe heil,
flickten Töpfe, schliffen Messer,
keiner hatte Langeweil.
Wie's der flinken Jugend eigen,
haben sie mit Fleiß geschafft,
um an ihrem Teil zu zeigen,
was vermag der Jugend Kraft.

So hat uns auf Wunderwegen
Gott versorgt, so gut, so reich!
Überschüttet uns mit Segen:
Großer Gott, wer ist dir gleich?
Du bist herrlich, hocherhaben,
du, der Gott, der Wunder tut.
Dank sei dir für alle Gaben!
Ja, fürwahr, wir haben's gut![170]

Dieses Gedicht konnte nicht darüber hinweg täuschen, dass die allgemeine Stimmung miserabel und das Vertrauen der deutschen Bevölkerung in Politiker weitgehend geschwunden war. Selbst im friedfertigen ‚Gärtner' war zu lesen:

In Berlin löst ein Kabinett das andere ab. Die ‚große Koali-
tion', d.h. das Zusammenregieren von Sozialdemokraten,
Demokraten, Zentrum und Deutscher Volkspartei stellt sich
auf die Dauer als unmöglich heraus. [...] Bisher haben die
deutschen Regierungen durch den Papiergeldschwindel die
Bankerotterklärung von einer Woche zur anderen herausge-

---

[170] Kaiser, Robert, Pilgerklänge, S. 51/52 und Der Gärtner, 32. Jhrg., Nr. 2, 13. Januar 1924, S. 29/30.

schoben; das geht aber nicht mehr, und so müssen sie schon auf das alte ehrliche Einmaleins der Volkswirtschaft besinnen: Wir müssen mehr erzeugen als verbrauchen, weniger ausgeben als einnehmen. [...] Selbst die Führer der Linksparteien sehen das ein, aber sie haben nicht den Mut, diese Binsenwahrheit den mit Schlagworten betrogenen Massen beizubringen. So treten sie lieber von der Verantwortung zurück, um nicht gesteinigt zu werden von denen, die noch immer unter der Zwangsvorstellung leben, als könne die ‚Erfassung der Sachwerte', die Verzehrung der letzten Reste unseres Volksvermögens, uns vor dem Zusammenbruch retten. [...] Im übrigen ist es ohne erhebliche Bedeutung, wer gerade in Berlin am Ruder sitzt, denn in Wirklichkeit werden wir von Paris regiert. Von deutscher Seite ist der passive Widerstand bedingungslos aufgegeben worden; aber die Franzosen stellen ihre Bedingungen: 1. Abschaffung des Betriebsrätegesetzes, 2. Einführung der 10stündigen Arbeitszeit und Akkordarbeit, 3. Annahme jeder zugewiesenen Arbeit, widrigenfalls Ausweisung erfolgt, 4. Für die Eisenbahner gelten besondere Bedingungen (Vereidigung auf die französische Regie usw.), 5. Unterdrückung jeder Auflehnung mit Waffengewalt. [...] Der deutsche ‚Militarismus' ist zerbrochen worden, damit der französische umso hemmungsloser herrschen könne [...] Die kommende Notzeit mit ihrer Arbeitslosigkeit wird schwere Opfer fordern. Dazu kommt die Not der Führerlosigkeit, die innere parteipolitische Zerrissenheit, die Verantwortungslosigkeit des parlamentarischen Systems, unsere Auslieferung an Experimentatoren, die davonlaufen, wenn ihre Versuche fehlschlagen. [...] Eine Illusion scheint der deutsche Michel nun doch endgültig begraben zu haben: Die Hoffnung auf Amerikas Hilfe. Amerika hat sich als der gewissenlose und schlaue Sklavenjäger erwiesen, der um des Geldes willen in den europäischen Krieg eingriff und mit seinen Machtmitteln Deutschland zur Strecke brachte. Es gelang dem vierzehn-punktigen Individuum [Präsident Woodrow Wilson H.R.] das deutsche leichtgläubige Volk zur Auslieferung seiner Waffen und zur Unterschrift unter das Versailler Lügendo-kument von der Alleinschuld Deutschlands am Weltkrieg zu bewegen. Als das erreicht war, zog sich Amerika aus dem Handel zurück und will nicht mehr an die Opfer seiner Falschheit und Brutalität erinnert werden. Wäre Deutschland an Amerika verschuldet gewesen, hätte es sich für uns einge-setzt; so aber liegt es in Amerikas Interesse, uns seinen Enten-teschuldnern zur Ausbeutung preiszugeben. Gewiß wird auch diese Politik sich noch einmal rächen.[171]

Prophetische Worte.

Im November 1923 gab es eine Währungsreform. Hatte am 2. Dezember 1923 hatte in Berlin ein Ei 320 Milliarden Reichsmark gekostet[172], so wurde Ende März 1924 für erho-lungsbedürftige Kinder ab 8 Jahren ein 5-wöchiger Langeoog-Aufenthalt ab Mai für etwa 3 Mark/Tag angeboten.[173] Der Staat war seine Schulden bei seinen Bürgern los, aber ein Großteil der deutschen Bevölkerung hatte seine Ersparnisse verloren.

Den politischen Akteuren, die der schrecklichen Wirt-schaftskrise mit Millionen von Arbeitslosen und Massenelend nicht Herr werden konnten, aber auch den in seinen Augen

---

[171] Der Gärtner, 31. Jhrg., Nr. 41. 14. Oktober 1923, S. 617 f
[172] Vgl. geschichte/weimarer_republikpwiediehyperinflationvon [Zugriff 17.06.2017]
[173] Der Gärtner, 32. Jhrg., Nr. 13, 30. März 1924, S. 206

törichten Wählern widmete Robert Kaiser 1925 folgende Betrachtung:

Zeitspiegel

Das Volk, das will belogen sein,
die Wahrheit will es nicht;
und wer es seift gehörig ein,
gilt ihm als großes Licht!

Wer noch ein klares Urteil sich
zu bilden ist gewillt,
den lässt das blinde Volk im Stich,
wenn es zu wählen gilt.

Dagegen setzt es dreist sich ein,
für den, der viel verspricht;
ist's auch nur eitler Trug und Schein,
dem jeder Grund gebricht.

Wer leere Worte mit Geschick
dem Volk zu sagen weiß,
dem fällt es zu, ist hoch entzückt
und zahlt ihm jeden Preis.

Wer aber schlichte Wahrheit spricht
und zeigt die Wirklichkeit,
dem spuckt es frech ins Angesicht
ob solcher Scheußlichkeit.

Wie's war zu Jeremias Zeit,
so ist es heute noch:
Wer Friede, Friede, Friede schreit,
den lässt man leben hoch.

Doch den, der Sünde Sünde heißt
und Gottes Strafen droht,
man gern in eine Grube schmeißt
und wünscht, er wäre tot.[174]

Schwesternmangel zog sich weiter wie ein roter Faden durch die Berichte des Diakonievereins Bethanien. Im August 1925 erließ Oberin Hanna Hoevel einen ‚Aufruf zum Dienst', in dem sie insbesondere je eine Schwester für die Nähstube und die Küche des Mutterhauses suchte. Sie betonte, es gehe hier nicht um Aushilfen sondern um echte Diakonissen, die genauso gestellt seien wie die Schwestern in der Krankenpflege und denen „unser Haus immer ein Mutterhaus sein" werde[175]. Diese Hanna Hoevel hatte kurz darauf ihr 25. Jubiläum, dessen Feiern sich über eine Woche erstreckten. Es wurden viele Reden gehalten, extra zu diesem Anlass erschaffene Lieder und Gedichte vorgetragen. Robert Kaiser würdigte die langjährige Weggefährtin:

Unsere liebe Schwester Hanna hat damals ein Amt ange-
treten, wo von vornherein in Aussicht stand, daß es vielerlei
zu tragen geben würde, und es ist also gewesen. Es ist köst-
lich wenn der Herr uns dazu auserlesen hat, etwas zu tragen.
Ach es gibt viele, die machen einen gewaltigen Anfang, kön-
nen mal tüchtig ins Zeug gehen, aber bald geht alles im
Strohfeuer unter und es ist nicht viel, was sie erreicht haben;
im Reich Gottes braucht der Herr solche, die aushalten, die
darunter bleiben unter allerlei Bürden, die er auferlegt. [...]

---

[174] Kaiser, Robert, Der Gärtner, 33. Jhrg., Nr. 52, 27. Dezember 1925, S. 831; auch in Pilgerklänge, S. 49
[175] Der Gärtner, 33. Jhrg., Nr. 34, 23. August 1925, S. 546

Der Herr segne dich aus Zion, der Himmel und Erde gemacht hat!"[176]

Bei den Jubiläumsfeiern für Hanna Hoevel war wieder deutlich geworden, dass im Diakonissenmutterhaus in Wetter großer Platzmangels herrschte. So beschloss der Verwaltungsrat wenig später Erweiterungsbauten nach Maßgabe der zur Verfügung stehenden Mittel. Ein Saal für größere Versammlungen sollte Vorrang vor einer Inspektor-Wohnung haben. Es wurde auch erwogen, auf Langeoog ein eigenes Haus zu errichten; aber dazu reichten die Mittel noch nicht. Deshalb sollte diese Arbeit vorläufig in gemieteten Bauten fortgeführt werden.[177] Die Bau-Ideen konkretisierten sich in intensiven Beratungen bis April 1926 zu einem Plan, „durch den die Saal- und Wohnungsnot gleichzeitig behoben wird. Er enthält nämlich im Erdgeschoß einen Saal, der mit dem anschließenden neuen Eßsaal verbunden für 500 Menschen Platz bietet. Das erste und das zweite Obergeschoß enthalten je 9 Zimmer und ein Badezimmer und das Dachgeschoss 8 Zimmer und ein Badezimmer [...] Das Ganze ist als Anbau nach der Westseite gedacht und wird die Ansicht des Diakonissenhauses sehr wesentlich verbessern. Soweit hat also der Herr geholfen. Ihm sei Dank dafür! Von ihm erwarten wir nun auch die Mittel zur Hinausführung, des, wir glauben, von ihm uns geschenkten Planes." Die Anzahl der Schwestern war bis dahin auf 93 gestiegen und man erwartete bald die 100 zu überschreiten.[178] Am Jahresende 1926, 30 Jahre nach Beginn des Mutterhauses, hatte es tatsächlich 101

---

[176] Der Gärtner, 33. Jhrg., Nr. 39, 27. September 1925, S. 627/628
[177] Der Gärtner, 33. Jhrg., Nr. 41, 11. Oktober 1925, S. 659
[178] Der Gärtner, 34. Jhrg., Nr. 14, 4. April 1926, S. 219

Schwestern: 92 Diakonissen und Probeschwestern, 9 Vorprobeschwestern, dazu 5 freie Hilfsschwestern. Außer im Mutterhaus arbeiteten 16 im Städtischen Krankenhaus Eisleben, 8-10 in einer Privat-Klinik in Barmen (im Volksmund ‚Knochenmühle‘), je 6 im Städtischen Krankenhaus in Essen und in Kirn, wo auch noch 2 im Altersheim wirkten, je 3 waren im Städtischen Krankenhaus in Delitzsch, im Erholungsheim Immanuel in Bad Lippspringe und in der Gemeindestation in Düsseldorf. 9 waren seit dem 1. Mai 1926 in Solingen Aufderhöhe. Außerdem arbeiteten Bethanien-Schwestern in den politischen und religiösen Gemeinden Rheinhausen, Frankfurt a. M., Salzfurth, Necken, Mühlstadt, Gönnern, Endbach, Schköna, Köln-Mülheim und Straßebersbach, eine sogar in Verbindung mit der Neukirchener Mission auf der Insel Java im heutigen Indonesien. In den Sommermonaten arbeiteten 2 in den gemieteten Ferienhäusern auf der Insel Langeoog. In den 30 Jahren des Bestehens des Mutterhauses waren 15 Schwestern verstorben und auch Friedrich Fries, der Initiator des Diakonievereins Bethanien war kurz vor dem 30. Geburtstag seines ‚Kindes‘ gestorben[179].

Die 1926 nach langen Beratungen gefassten Erweiterungspläne für das Haus in Wetter waren nach nur einem Monat überholt, weil völlig überraschend der Erwerb eines Anwesens „von etwa 53 Morgen mit aufstehendem Kurhaus, Wirtschaftsgebäude, Scheune, Park, neun Schlafhütten (die während der Sommermonate gern benutzt werden), mit sämtlichem Vieh und Inventar und über 700 Obstbäumen zu leidlich günstigen Bedingungen" am Rande von Solingen in Aufderhöhe möglich geworden war. Der Kaufpreis betrug

---

[179] Der Gärtner, 35. Jhrg., Nr. 10, 6. März 1927, S. 155

140.000 Mark – 110.000 Mark für das Grundstück und 30.000 Mark für das Inventar.[180] Schon ab 1. Mai 1926 arbeiteten erste Bethanien-Schwestern dort. Bald wurde mit Um- und Ausbauarbeiten begonnen[181] und am 1. April 1927 zog der Diakonissenhaushalt von Wetter nach Aufderhöhe um und am 31. Juli 1927 wurde das traditionelle Jahresfest mit vielen Gästen in provisorischen Räumen und im Park gefeiert. Ein heftiges Gewitter machte deutlich, dass ein ausreichend großer Saal fehlte und führte sofort zu einer Geldsammlung zu dessen Finanzierung. Bei dem Fest wurden 5 neue Diakonissen eingesegnet.[182] Am 16. Oktober 1927 wurde der Prediger W. Paulerberg als Inspektor in Aufderhöhe eingeführt. Der inzwischen 65 Jahre alte Robert Kaiser schrieb: „Ich persönlich bin dem Herrn besonders dankbar, dass die verantwortliche Leitung nun nicht mehr allein auf meinen Schultern liegt. Es ist deshalb mein herzlicher Wunsch, daß dem teuren Bruder, der sich vom Herrn in das Diakonissenwerk geführt weiß, nun auch volles Vertrauen entgegengebracht werde, insbesondere von den lieben Schwestern!" Gleich nach Übernahme seines Amtes klagte W. Paulerberg: „Der Herr gibt uns offene Türen, er gibt uns Aufträge, er zeigt uns Arbeit – und wir haben keine Schwestern! [...] wir hätten noch Arbeitsgelegenheit für 20 bis 30 Schwestern". Er rief dringend auf, sich für den Diakonissenberuf zu entscheiden.[183]

---

[180] Bericht an Dr. Weinstock vom 06.05.1926; Bethanien-Archiv, Ordner Diakonie-Verein Bethanien
[181] Der Gärtner, 35. Jhrg., Nr. 10, 6. März 1927, S. 155
[182] Der Gärtner, 35. Jhrg., Nr. 36, 4. September 1927, S. 571/572
[183] Der Gärtner, 35. Jhrg., Nr. 46, 6. November 1927, S. 715/716

Das alte Mutterhaus in Wetter diente fortan als ‚Altenheim Salem'. Nach einem Umbau bot es etwa 40 alten Menschen eine Heimat für die letzte Lebensphase. Robert Kaiser blieb in Wetter wohnen und wurde Vorsteher des Altenheims neben der weiterhin wahrgenommenen Predigeraufgabe bei der Freien evangelischen Gemeinde Wetter. Er blieb auch bis zu seinem Tode im Vorstand des Diakonissenmutterhauses. In den 31 Jahren seiner Inspektor-Tätigkeit war er mit seinen Schwestern auch raue Wege gewandert, die in seinen von Gottvertrauen und Danken geprägten Berichten im Gärtner nicht sehr deutlich geworden waren. In einer 1997 erschienenen Festschrift zum 100. Jubiläum von Bethanien heißt es:

Dass die schwierigen finanziellen Verhältnisse beten, hoffen, glauben und warten besonders herausforderten, wird durch einige Beispiele deutlich. So stand in den Rundbriefen von Mai 1909: ‚Sobald es möglich ist, schicken wir den Schwestern das Taschengeld' (zwei bis 3 DM). September 1912: ‚Jährlich 10 DM für Schuhe bewilligt'. August 1914: Hier ist kein Geld. In Essen und Trinken sind wir so einfach wie möglich'. Februar 1916: ‚Alte Kleider müssen in die Ferien mitgebracht werden und aus zwei alten Röcken soll ein Kleid gemacht werden'. Dezember 1917: ‚Wenn die baumwollenen Strümpfe zu kurze Füße haben, tut es mir leid. Dann vielleicht Fußspitzen abtrennen und solche von älterem Hemdentuch annähen'. Oktober 1919: ‚Neue weiße Schürzen bekommen nur die älteren Schwestern. Die anderen erhalten Schürzen von heimgegangenen Schwestern'. Januar 1923: ‚Taschengeld reicht für Porto und Kollekte'.[184]

---

[184] leben helfen, 1896 – 1996: 100 Jahre Bethanien, S. 89

Wirtschaftlich kam es nach 1925 zu einer leichten Besserung, bekannt als goldene 20er Jahre, aber die auf den New Yorker Börsencrash im Oktober 1929 folgende Weltwirtschaftskrise führte zu riesigen Arbeitslosenheeren und schrecklicher Verelendung in vielen Ländern. In Deutschland gewann die Nationalsozialistische Deutsche Arbeiterpartei an Zulauf und errang bei der Reichspräsidentenwahl im März 1932 fast ein Drittel der Stimmen. Die Menschen hofften auf starke Führer, die das Volk aus dem Massenelend mit 6 Millionen Arbeitslosen bringen sollten. Der Gärtner unter seinem Schriftleiter Wilhelm Wöhrle kommentierte und analysierte dieses Wahlergebnis so:

Darin bekundet sich ein beispielloser Auftrieb und eine gewaltige Glaubenskraft seiner Anhänger. Dieses lawinenmäßige Wachstum ist die Stärke und die Schwäche dieser Bewegung zugleich. Die Stärke hinsichtlich der Werbekraft; mit elementarer Wucht saugt diese gewaltige Strömung alle Enttäuschten, vorwiegend aus der bürgerlichen Mitte, alle durch Inflation und Erwerbslosigkeit Verarmten an, die nun auf Hitler ihre Hoffnung setzen. Aber aufgrund ihrer Größe und ihres schnellen Wachstums ist die Bewegung äußerst vieldeutig geworden; sie vereinigt ungeheure Gegensätze in sich, die in die Erscheinung treten müssen, sobald die Bewegung aus dem Stadium der Propaganda herausgetreten sein wird und die politische Verantwortung übernehmen muss. Die programmatische Unbestimmtheit kommt heute noch jedem Auslegungsbedürfnis entgegen; erst wenn die allgemeinen Grundsätze und Versprechungen praktisch erfüllt werden müssen, ergibt sich eine Aufspaltung der widerstrebenden Belange unter den Anhängern; man denke nur an die soziale

Frage, an den Ausgleich der Forderungen von Industrie und Landwirtschaft bei der Zoll- und Steuergesetzgebung usw.

Man kann wohl im guten Glauben nationalsozialistisch wählen, vielleicht aus berechtigtem Protest gegen die Misswirtschaft der herrschenden Parteien, aber man kann als Christ unmöglich auf Dauer die Geisteshaltung mitmachen, die längst nicht allein von Hitler bestimmt wird, sondern auch von anderen Geistern wie demjenigen eines Rosenberg, der das widerchristliche Buch ‚Mythos des zwanzigsten Jahrhunderts' geschrieben hat, oder eines Ministers Klagges, dem Verfasser des ‚Urevangeliums Jesu, der deutsche Glaube', in dem alles, was Beziehung zum Alten Testament und zum Kreuz Jesu hat, ausgeschieden ist, oder eines Dr. Goebbels, Grafen Reventlow, und anderer. Es geht nicht an, dies alles als Privatansichten der Verfasser aus der Verantwortung der Bewegung auszuschließen, denn dieses Schrifttum wird offiziell empfohlen, verbreitet und gelesen. [...]

Wir empfinden es jedenfalls als Pflicht unseres Wächterdienstes, unsere Brüder zu warnen vor Verbindungen, die ihnen schließlich zum Schaden gereichen müssen. [...] Unsere Nachkommen aber mögen dereinst aus den alten ‚Gärtner'-Jahrgängen nachlesen, dass wir nichts versäumt haben, um die Gemeinde Jesu Christi zu warnen vor dem mitreißenden Geist unserer Zeit. Gott gebe, dass unsere Gemeinden das Erbe der Väter treu festhalten und immer wieder neu erkämpfen, indem sie außerhalb des Lagers die Schmach Christi zu ertragen willig sind.[185]

---

[185] Der Gärtner, 40. Jhrg., Nr. 16., 17. April 1932, S. 248 ff.

Knapp 3 Monate später veröffentlichte Robert Kaiser diese betrübte

Zeitbetrachtung

Das ist also der Zustand der Menschen nach vorhergegangen furchtbarsten Gerichten und entsetzlichsten Plagen, die aus dem Brunnen des Abgrunds gekommen sind: Sie gehen einfach weiter auf dem einmal eingeschlagenen Weg der Dämonenverehrung und des niedrigsten Götzendienstes und fahren fort mit den gemeinsten Verbrechen! [...] Da aber der Mensch naturgemäß unter seinem Götzen stehen muss, kann er also jetzt nicht tiefer mehr sinken: Wo der Stoff, die Materie, auf dem Thron sitzt, da wird das Leben geopfert, da wird fortgefahren mit den gemeinsten Verbrechen: Morden, Giftmischen, Hurerei, Dieberei! Und das nicht etwa nur im Verborgenen, sondern frei und öffentlich, weil man sich solcher Verbrechen ja nicht mehr zu schämen braucht. Ja die Ehre wird geradezu in der Schande gesucht! Mag der Abgrund auch noch so viele verschlungen haben und täglich verschlingen, so wird doch unbesorgt weitergesündigt und des Verderbens immer mehr gemacht.

Aber gibt es nun aus dieser Tiefe noch einmal einen Aufstieg für die Völker, besonders für unser deutsches Volk? Das ist die bange Frage, die unsere Herzen bewegt. Bevor wir hierauf eine Antwort suchen, müssen wir uns klar werden, was wir unter einem solchen Aufstieg verstehen wollen. Allgemein denkt man dabei lediglich an äußeres Wohlergehen: Gesundheit, gute Verdienstmöglichkeiten und ausreichend irdischen Besitz. Aber bedeuten diese Dinge einen wirklichen Aufstieg? Durchaus nicht! Ist es doch eine alte Erfahrung, dass es in solchen Zeiten des Wohllebens in sittlicher Hinsicht rapide abwärts ging, nach dem bekannten Sprichwort: ‚Alles

140

können Menschen eher ertragen, als eine Reihe von guten Tagen!' Also ein solcher Aufstieg, den wir gewiss für uns und
unser Volk sehnlichst erwarten, müsste uns mit Sorge erfüllen, wenn nicht zugleich Gott eine besondere Heilszeit anbrechen ließe. Haben wir nun – abgesehen von dem unergründli-
chen Erbarmen Gottes – einen biblischen oder geschichtlichen
Grund für das Anbrechen einer solchen Glanzzeit? Vielfach
wird auf Israel hingewiesen, dem Gott – sonderlich wenn ein
frommer König auf den Thron kam – immer wieder aufgehol-
fen habe, und man meint, dasselbe oder ähnliches werde auch
in Deutschland geschehen, wenn nur erst die rechten Männer
an der Regierung wären und das ganze Volk sich zu Gott
wenden würde. Allerdings würde das eine völlig neue Zeit
bedeuten und ungeahnte Segnungen im Gefolge haben. Aber
diese Parallele stimmt nicht. Und zwar aus dem einfachen
Grunde, weil Israel das von Gott auserwählte Volk ist, mit
dem sich kein Volk der Erde – auch das deutsche nicht – ver-
gleichen kann. […]

Aber wird Gott dem deutschen Volk, das sich bewusst eine
Staatsform geschaffen hat, die in keiner Beziehung zu Gott
stehen soll, noch einmal eine neue Gnadenzeit gewären? Nach
der Revolution von 1789 wurde in Frankreich vom Staat Gott
wieder anerkannt, was in Deutschland also nicht geschah!
Und damit ist ein Tiefstand erreicht, der aller Ungerechtigkeit
freien Lauf lässt: folgerichtig dürfte überhaupt kein Verbrechen mehr geahndet werden, da ja doch der Mensch keine In-
stanz mehr über sich hat, die ihn zur Rechenschaft ziehen
kann. […]

Unter diesen Umständen bleibt für Gottes Volk nur noch
der eine Lichtblick auf das Anbrechen einer neuen Zeit, in der
das Königreich Gottes die Weltreiche ablösen wird. Wie weit

wir bis dahin noch haben, ist uns nicht geoffenbart. Auch wissen wir nicht, wie sich der Übergang zum Reiche Gottes im einzelnen gestalten wird. Ebenfalls dürfte die genaue Reihenfolge der Ereignisse uns nicht klar sein. Klar, völlig klar ist aber die Aufgabe der Gläubigen in dieser schweren Zeit. Und sie besteht darin, dass jeder nach der ihm verliehenen Gnade dem Willen Gottes dient.[186]

Am 30. Januar 1933 wurde Adolf Hitler Reichskanzler. Die ersten 9 Monate seiner Regierung weckten in Robert Kaiser Hoffnungen auf eine durchgreifende Besserung der Verhältnisse in Deutschland. Er hielt die neue Nazi-Regierung für ‚Männer ohne Eigennutz und Ruhmsucht', die allein auf die Heilung der Not und Schmach des deutschen Volkes bedacht seien. Er fragte sich sogar, ob diese Männer das von Gott verheißene Friedensreich vorbereiteten. Diese Gedanken erschienen Ende Oktober 1933 als ‚Zeitbetrachtung' in Der Gärtner:

Wann bricht, Herr, an dein Friedensreich auf Erden?
Wann kommst herab du, Herrscher, königlich?
Wann werden doch die Spieße Sicheln werden,
die Schwerter Pflugscharen, wie es dein Wort verspricht?
Zurück aufs Land! so lautet die Parole;
die Industrie ernährt das Volk nicht mehr!
Es lässet nach die Förderung der Kohle!
In großen Städten stehn schon Häuser leer.

Wohin man horcht im weiten Erdenrunde:
Ratlosigkeit, Verzweiflung überall!
Mit Überfluss der Hunger steht im Bunde;

---

[186] Der Gärtner, 40. Jhrg., Nr. 27, 3. Juli 1932, S. 424-427

der Weltwirtschaft droht gänzlicher Verfall.
Der große Krieg – aus Mammonssucht geboren –
er hat statt reich, die Völker arm gemacht.
Europa hat den Absatzmarkt verloren,
weil durch den Krieg der Orient erwacht.

Was weiland nur Europa fabrizierte,
Amerika hat auf den Markt gebracht,
das lernten die Exoten, die man führte
zum Kriegsschauplatz in mörderische Schlacht.
Nun ist's zu spät und nicht mehr aufzuhalten
das Mißgeschick, das man heraufbeschwor,
weil man Geschichte nicht kann umgestalten.
Wer das versucht, der ist und bleibt ein Tor.

Der einz'ge Weg, um wieder hochzukommen,
man muss ihn suchen und entschlossen gehen!
Die uns beraubt, Gut, Macht und Ehr genommen,
sind weit entfernt, uns hilfreich beizustehn!
Raubtiere sind die Völker allzumalen,
ein jedes ist nur auf sich selbst bedacht!
Das andere soll selbstredend immer zahlen,
wenn es verlor im Krieg die letzte Schlacht!

Das ist das Los, das sattsam wir genossen
im schwergeprüften deutschen Vaterland,
nachdem es Ströme edlen Bluts vergossen,
und schließlich fiel in roher Feinde Hand.
Der Friedensschluß war nur ein Strafverfahren
voll lächerlicher Angst und Grausamkeit.
Und heute noch, nach 15 Friedensjahren,
ist von der Angst die Welt noch nicht befreit.

Doch was geschehn – Geschichte ist geworden
im Weltbetrieb, den wir nie ganz verstehn,
besonders nicht ein solches Völkermorden,
wie wir's im Weltkrieg mußten schaudernd sehn,
das müssen wir dem Richter überlassen,
der Erd und Himmel ruft zu Zeugen auf!
    (5. Mose 32,1; Jesaja 1, 2; Jeremia 6, 19.)
Der ganz durchschaut, was wir niemalen fassen,
des Macht und Weisheit lenkt des Weltalls Lauf.

Er ist's allein, vor dem nicht groß das Große,
vor dem nicht klein das winzig Kleine ist,
und er gestaltet auch der Völker Lose
nach seiner Weisheit, die kein Mensch ermißt.
Auch unserm Volke hat er zugemessen,
was uns bedrückt, der Leiden große Zahl.
Das dürfen wir in Deutschland nicht vergessen:
Was immer kam – es kam nach Gottes Wahl.

Wenn Gott ein Volk zu Großem ausersehen.
dann führt er es zuvor recht tief hinab.
Die Leiden sind als Wehen anzusehen,
durch die dem Volk er neues Leben gab.
Wenn Gottes Zeit zum Aufstieg ist gekommen,
dann gibt er Männer, die mit Mut und Kraft
das tun, was er vorlängst sich vorgenommen
und plötzlich hat ein Volk sich aufgerafft.

So durften wir's in Deutschland miterleben
in diesem Jahr ganz wunderbar und groß!
Wir danken Gott, der Männer uns gegeben,
von Eigennutz und Ruhmsucht wirklich los,
die unseres Volkes Not und Schmach empfunden,
auf Hilfe sannen schier bei Tag und Nacht,

die mitgeblutet aus des Volkes Wunden,
auf deren Heilung sie allein bedacht

Durch diesen Umschwung wurde neu gestaltet
die Völkerwelt: es wurde umrangiert!
Der ewge Gott, der über allem waltet,
gab unserem Volk, den Platz der ihm gebührt.
Die vordem mit Verachtung uns betrachtet,
sehn jetzt erstaunt auf unsre Rührigkeit:
Was Deutschland macht, wird mit Respekt beachtet,
weil's endlich sich vom Sklavenjoch befreit.

Ein letzter Schnitt – und los vom Völkerbunde
ist unser Volk nach jahrelanger Schmach.
Die ganze Welt horcht staunend solcher Kunde,
allein der Franzmann schlägt gewaltig Krach!
Ihm passt es nicht, dass Deutschland nicht mehr willig,
der Prügelknabe aller Welt zu sein!
Was einem recht, dass das dem andern billig,
sieht mit dem besten Willen er nicht ein.

Doch was will Gott? Was hat denn zu bedeuten
die neue Zeit in seinem Gnadenrat?
Will er vielleicht durch Deutschland vorbereiten
das Friedensreich, das er verheißen hat?
Wir wollen ihn inständig darum bitten
und gläubig warten bis zum Erntetag.
Dann hat die Schöpfung endlich ausgelitten (Römer 8, 21)
und Gottes Volk ist frei von jeder Schmach! (Jesaja 25, 8.)[187]

Die in dem Gedicht gerühmten Männer ohne Eigennutz
und Ruhmsucht haben sich schon bald nach der so genannten

---

[187] Der Gärtner, 41. Jhrg., Nr. 44, 25. Oktober 1933, S. 872/873

Machtergreifung Adolf Hitlers am 30. Januar 1933 schamlos am Eigentum und den Rechten jüdischer Mitbürger vergriffen. Und Mitte 1934 haben sie in der ,Nacht der langen Messer' dutzende Gesinnungsgenossen in einem internen Machtkampf ermordet, unter ihnen den Hauptmann und Stabschef der SA Ernst Röhm. Ihm wurden ein Putschversuch und seine Homosexualität angelastet, die angeblich Hitler gerade erst bekannt geworden war. Das dürfte eine dreiste Lüge gewesen sein, denn bereits 1930 skandierten Sozis in Hamburg bei Straßenschlachten gegen Nazis: „Haut Hitler, den Gendarmen, und Hauptmann Röhm, den Warmen!"[188] Dass Hitler gerade erst von der Homosexualität Röhms erfahren und diese Pestilenz spontan ausgerottet hätte, wurde durch eine bange Frage gleich als unglaubwürdig gebrandmarkt: „Was wird der Führer erst machen, wenn er merkt, dass Goebbels hinkt und Göring dick ist?" Goebbels und Göring waren in der Öffentlichkeit sehr präsente Nazigrößen, deren körperliche Merkmale der breiten Bevölkerung wohlbekannt waren. Homosexuelle Handlungen unter Männern waren damals verboten und nach § 175 des Strafgesetzbuches mit Gefängnisstrafe bedroht, aber keineswegs mit sofortigem Mord ohne Gerichtsverfahren. Und auch ein Staatsstreich hätte vor Gericht gehört, und zwar vor den kurz vorher eingerichteten Volksgerichtshof, der nach § 82 des Strafgesetzbuches mindestens 5 Jahre Zuchthaus bis zur Todesstrafe verhängen konnte. Der Putschversuch war aber wohl auch frei erfunden, was damals allerdings nicht so leicht feststellbar war. Dennoch wurde die Mordaktion von Nazis an Nazis im Gärtner

---

[188] Erzählung des Augenzeugen Willi Nolte. Als warm, auch warme Brüder, wurden damals Homosexuelle bezeichnet.

als eine Art erfreulicher Säuberungsaktion dargestellt, die Deutschland von einem großen Übel gereinigt habe:

Ein luftreinigendes politisches Gewitter ging am 30. *Juni über Deutschland nieder und verdient in der Geschichte festgehalten zu werden. Der seit langem nicht rühmlich bekannte Stabschef der SA., Röhm, hatte mit einem halben Dutzend höherer SA.-Führer insgeheim einen Putsch vorbereitet, um sich selbst die Macht in die Hände zu spielen. Im rechten Augenblick griff der Führer Adolf Hitler ein, verhaftete die Schuldigen und ließ noch am gleichen Tag das Todesurteil an ihnen vollstrecken. Was geworden wäre, wenn Röhm seine ehrgeizigen Pläne hätte durchführen können – ganz abgesehen von dem politischen Schicksal Deutschlands – das kann man sich sehr leicht ausmalen, wenn man sich seine Geistesrichtung vergegenwärtigt, die aus seinem Erlaß im vorigen Herbst gegen ‚Spießerei, Muckerei und Sittlichkeitsapostel' spricht. [...] Röhm und seine Gesellen haben ein freventliches Spiel getrieben und mußten nun die Früchte ihres Wesens essen. Wir dürfen heute wie von einem Alpdruck befreit aufatmen, nachdem der deutsche Führer so gründlich aufgeräumt hat mit dieser Pestilenz, die im Finstern schleicht. Röhm und sein Kreis bildeten seit langem eine schwere Belastung des Vertrauens zur neuen deutschen Regierung, und gerade ernsten christlichen Menschen war es nicht leicht, am 12. November 1933 die Liste zu wählen, auf der Röhms Name stand, von dem bekannt war, dass er durch seine Verstrickung in die Sünde Sodoms für junge Menschen eine sittliche Gefahr bedeutete. Umso dankbarer sind wir heute, dass Hitler so entschlossen nach Davids Regentenspiegel handelte (Psalm 101): ‚Ich hasse den Übertreter und lasse ihn nicht bei mir bleiben. [...] Zwar hatten wir zu Hitler immer das Vertrauen, daß er*

persönlich lauter und unantastbar ist; wir sind aber dankbar
für den erbrachten Beweis, daß er auch an seine Mitarbeiter,
an alle irgendwie verantwortlichen Personen im Reich diesen
strengen Maßstab persönlicher Sauberkeit anzulegen ent-
schlossen ist. Solche sittliche Sauberkeit, Gerechtigkeit und
Vorbildlichkeit sind die Grundfesten eines Staates, denn noch
immer gilt das eherne Gesetz Gottes: ‚Gerechtigkeit erhöhet
ein Volk, aber die Sünde ist der Leute verderben [...][189]

Ob diese kernigen Sprüche die Meinung der Gärtner-
Redaktion wiedergaben, ist zumindest zweifelhaft nach den
Erklärungen vor Beginn der Nazi-Herrschaft. Zwar galt –
und gilt heute noch - Homosexualität, und allgemeiner ‚So-
domie', in Kreisen Freier evangelischer Gemeinden als gegen
Gottes Ordnung verstoßend, aber hier wurde ja eindeutig
Mord verherrlicht. Das könnte mit dem Schriftleitergesetz
zusammenhängen, das am 1. Januar 1934 in Kraft getreten
war und die Presse unter Kontrolle und Leitung des Reichs-
ministeriums für Volksaufklärung und Propaganda gebracht
hatte, das dem berüchtigten Josef Goebbels unterstand. Der
Schriftleiter des Gärtners erklärte 1947, nach dem Ende des
Nazi-Regimes:

Als aber die [Nazi-] Partei die Staatsführung übernahm
und zur ‚Obrigkeit' wurde, und die Gewalt über uns hatte, da
hatten wir nach dem Schriftwort untertan zu sein bis zu der
Grenze, wo es hieß: ‚Man muß Gott mehr gehorchen als den
Menschen'. Wo diese Grenze lag, war Gewissenssache des
Einzelnen und oft schwer zu entscheiden. [...] Der Gärtner
stand unter der Vorzensur der Gestapo [= Geheime Staatspo-

---

[189] Der Gärtner, 42. Jhrg., Nr. 27, 8. Juli 1934, S. 534; das Zitat geht weiter
mit einem langen Befehl Hitlers an den neuen SA-Führer.

lizei. H.R.] Bedrückend war, daß davon nichts gesagt werden durfte.[190]

Dem erstaunlichen ersten Bericht über den mörderischen Machtkampf unter den Nazis ließ Der Gärtner zwei Wochen später noch einen Bericht über Hitlers Darstellung des Geschehenen folgen, in dem von der Hitler angeblich so empört habenden sexuellen Verkommenheit Röhms und seiner Gesellen nicht mehr expressis verbis die Rede ist :

__Reichskanzler Adolf Hitler__ gab am 13. Juli vor dem Reichstag und durch Rundfunkübertragung vor der Weltöffentlichkeit einen offenen Bericht über die Meuterei durch Röhm und Genossen und über das Gericht, das die Meuterer treffen mußte. 19 höhere SA.-Führer, 31 SA.-Führer und SA.-Angehörige wurden erschossen, ebenso 3 SS.-Führer als Mitbeteiligte am Komplott. 13 SA.-Führer und Zivilpersonen, die bei der Verhaftung Widerstand zu leisten versuchten, mußten dabei ihr Leben lassen. 3 weitere endeten durch Selbstmord. 5 Nicht SA.-Angehörige, aber Parteigenossen wurden wegen Beteiligung erschossen. Endlich wurden noch erschossen 3 SS.-Angehörige, die sich eine schändliche Mißhandlung gegenüber Schutzhäftlingen zuschulden kommen ließen. – So schmerzlich dem Kanzler diese Erfahrung eines Zusammenbruchs von Treu und Glauben sein mußte, sprach aus seiner Rede doch keine Verbitterung, sondern ungebrochenes Vertrauen zum deutschen Volke, das gerade infolge

---

[190] Der Gärtner, 50. Jhrg., Nr. 1/2, 06.07.1947, S. 19. Vielleicht finden sich bei Hartmut Weyel, Anspruch braucht Widerspruch – Die Freien evangelischen Gemeinden vor und im ‚Dritten Reich', SCM Bundesverlag gGmbH, 2016, Details zum Nazi-Einfluss auf den ‚Gärtner'. Ich habe das Buch aus Zeitmangel nicht gelesen.

dieses schnellen Gerichts über verantwortungslose und ge-
wissenlose Menschen von einer neuen starken Welle des Ver-
trauens zum Führer erfaßt worden ist. Der Reichstag billigte
die Erklärung der Reichsregierung und dankte dem Kanzler
für seine tatkräftige und entschlossene Rettung vor Bürger-
krieg und Chaos.[191]

In derselben Ausgabe des Gärtner ist zu lesen, dass die
Nazi Partei aufgrund einer Verfügung des Stellvertreters des
Führers, Parteigenosse Heß, auf das entschiedenste jede
Maßnahme ablehne, „die direkt oder indirekt als Zwang in
Dingen des Glaubens aufzufassen ist. Kraft der Vereinbarun-
gen zwischen der evangelischen und katholischen Kirche einerseits und dem Deutschen Reich andererseits ist beiden
christlichen Konfessionen unter Ausschluß jeder politischen
Betätigung unantastbare Lehrfreiheit gesichert. Niemand
aber darf hieraus das Recht herleiten, Andersdenkende, die
den Weg zu ihrem Blut zu suchen gewillt sind, in irgendeiner
Weise zu beeinflussen; auch der Versuch hat zu unterblei-
ben!"[192] Die Kirchen durften also trotz der angeblichen unan-
tastbaren Lehrfreiheit nicht gegen die Suche nach der arischen Großmutter zur Abgrenzung und Ausgrenzung von
Menschen mit nicht arischen Vorfahren vorgehen.

Wann Robert Kaiser den wahren Charakter der neuen
Herren Deutschlands erkannt hat, in die er im Herbst 1933 so
große Hoffnungen gesetzt hatte, ist nicht klar. Sein 1928 ge-
borener Enkel Erich Höffken erinnert sich, als kleiner Junge
ein Gespräch gehört zu haben, in dem der Opa zwei junge
Männer vor Hitler gewarnt habe, weil dieser Deutschland ins

---

[191] Der Gärtner, 42. Jhrg., Nr. 29, 22. Juli 1934, S. 574
[192] Der Gärtner, 42. Jhrg., Nr, 29, 22. Juli 1934, S. 575

Verderben führen werde, obwohl es nach dessen Machtergreifung einen Wirtschaftsaufschwung gegeben habe. Wann dieses Gespräch stattgefunden hat, ist nicht mehr bekannt. Ein Gedicht ‚Schicksal – Vorsehung – Gott‘, das am 26. August 1934 in Der Gärtner erschien, lässt vermuten, dass Robert Kaiser inzwischen das diffuse, vieldeutige Nazi-Geschwätz durchschaut hatte, mit dem der Bevölkerung die Sinne vernebelt wurden:

Muß mir stets den Kopf zerbrechen,
wenn ich hör vom Schicksal sprechen.
Was ist wohl damit gemeint?
Weißt du es, mein lieber Freund?
Ist's der Schicker, der das schickt,
was uns freut, betrübt, beglückt?
Oder das, was kam und kommt?
Was uns ärgert, was uns frommt?
Ich glaub es nicht!

Sehr viel besser geht's mir nicht,
wenn von Vorsehung man spricht.
Sie ist durchaus unpersönlich,
kann deshalb auch für gewöhnlich
Ursach nicht von Wirkung sein,
wie man sich's wohl bildet ein!
Sie ist nicht Sache, ist nicht Kraft,
ist nicht Person, die etwas schafft;
nun sage, Freund, mir deutlich an;
was drunter man verstehen kann!
Denkt man vielleicht an den, der heißt
Vater, Sohn und Heilger Geist?
Dann ist's schon gut!

Aber warum spricht man dann
ihn nicht als Gott und Vater an?
Der Gott, der Sohn, der Heilge Geist,
der ist es, den die Schöpfung preist!
Er ist der Urquell allen Sein,
setzt Obrigkeit und Herrscher ein,
er setzt sie ab, wenn's ihm gefällt;
er schuf, erhält und trägt die Welt.
Anbetung ihm und Ehre!

Nicht blindes Schicksal uns regiert,
nicht Vorsehung das Zepter führt.
Der Gott, der als ‚des Menschen Sohn'
gen Himmel fuhr, sitzt auf dem Thron.
Er ist der Allmacht rechte Hand;
er ist die Weisheit, der Verstand;
er ist das Leben und das Licht,
das jede Finsternis durchbricht;
er ist's der uns verpflichtet,
und der uns alle richtet!
Vergesst das nicht!

Der ist ein Segen für die Welt,
*der **ihm** verantwortlich sich hält.*
Der ist ein wirklich großer Mann,
der Gottes Willen gern getan.
Der dient dem Volk, dem Vaterland,
ist Werkzeug in des Höchsten Hand.
Der rühmt und preist nur Gottes Gnad,
wie unser Hindenburg es tat!
Ahmst du ihn nach?[193]

---

[193] Der Gärtner, 42. Jhrg., Nr. 34, 26. August 1934, S. 674/675

Wenn dieser Text noch ein wenig kryptisch sein mag, so ist der folgende vom 5. Februar 1935 gegen den Rassenwahn der Nazis Klartext, der aber vermutlich damals nicht veröffentlicht wurde.

Für´s Album des deutschen Michel

Arisch, rassig, nordisch, bieder soll durchaus der Michel sein
hört man heute hin und wieder von der Memel bis zum Rhein!
Wer sich nicht zu Eltern wählte rassereine Arier,
hat verdient gehörig Schelte – hat gesündigt furchtbar schwer
gegen deutsches Blut und Ehre – sein Gewissen arg beschwert
durch Verachtung neu´rer Lehre, die solch grobem Unfug wehrt.
Guter Michel sei bescheiden! Hochmut kommt stets vor dem Fall!
Lass dich von der Wahrheit leiten – nicht von leerer Worte Schwall!
Um die Ahnen und die Väter mach nicht ein zu groß Geschrei!
Da doch Moses ist Verräter, dass der Ursprung Erde sei!
Daß von einem Blut geboren, sind die Rassen ausnahmslos:
Weiße, Rote, Gelbe, Mohren kamen all aus einem Schoß!
Eva ist die Mutter aller, die das Licht der Welt erblickt!
Sei drum, Michel, ja kein Prahler, der am Eigenlob erstickt!
Hast du Tugenden vor andern, die nicht von dem selben Schlag
auf der Erde mit dir wandern, glaub´s! Sie stehen kaum dir nach!
Jedes Volk hat Sondergaben! Jedes hat der Schwächen viel!
Wer das nicht mehr wahr will haben, schießt gewaltig über´s Ziel.[194]

---

[194] Kaiser, Robert, Fürs Album des deutschen Michel, maschinenschriftlich vom 05.02.1935. Zitiert von Weyel, Hartmut, Wirkt, solange es Tag ist, Robert Kaiser (1862-1936) – Pastor und Diakonissenvater, in Zukunft braucht Herkunft, Bd II, S. 155

Robert Kaiser erlebte nur die Anfangsphase der Nazi-Herrschaft, mit relativ wenig Toten, wenn auch großen Beschneidungen der Rechte und Vermögensverlusten der Opfer. Die monströsen Verbrechen, denen Millionen Menschen zum Opfer fielen, begannen erst nach seinem Tod. Maria Kaisers war schon vor der Nazi-Herrschaft gestorben.

Robert Kaiser starb am 16.06.1936 in Wetter an der Ruhr mit 74 Jahren an Lungenentzündung. Es wurde vermutet, dass er durch andere nicht behandelte innere Erkrankungen bereits geschwächt gewesen sei. Auch soll ihm der unerwartet frühe Tod seiner Frau am 19. November 1932 und seines Lieblingsbruders Emil, der am 24. Oktober 1935 in Rochester in den USA an Leberkrebs verstorben war, die Freude am Leben getrübt und ihn oft über den eigenen Tod reden lassen haben. Er ahnte wohl, dass es mit ihm zu Ende ging, und schien froh zu sein, aus einem beschwerlich gewordenen Leben scheiden zu dürfen. Als ihm kurz vor seinem Ende die Kontrolle über seine Schließmuskeln entglitt, meinte er angewidert zu seiner ihn pflegenden Tochter Elisabeth, einer gelernten Krankenschwester: „Zum Schluss bescheißt man sich dann noch." Auf die Frage seines Sohnes Adolf, ob er innerlich ganz getrost sei, antwortete er kurz vor seinem Tode: „Warum denn nicht?"

In einem Nachruf in Der Gärtner heißt es:

Mit Recht konnte seine Einfachheit und Schlichtheit betont werden, die ihn vor Menschen oft unansehnlich erscheinen ließ; ferner das gesunde Urteil, das er über Personen und Verhältnisse sehr bald besaß und oft geschickt – manchmal nicht ohne Humor – zu prägen verstand [...] auch ist es richtig, dass ihm geistige Quellhaftigkeit zu eigen war, die es eine

Freude sein ließ, ihm zuzuhören, wenn er redete, oder etwas Gedrucktes von ihm zu lesen. Auch seine öfter dargebotenen dichterischen Erzeugnisse verraten etwas davon, wenn schon manche derselben dem einen oder anderen weniger gefielen. Dankbar sind wir, dass wenigstens einige seiner Lieder in unserem neuen Gesangbuch, dem Gemeindepsalter, Aufnahme gefunden haben und noch lange, so Gott will, zur Erbauung der Gemeinde dienen werden (Siehe Nr. 292, 420, 683, 710). – Und vor allem ist mit Recht hervorgehoben die unerschütterliche Glaubenstreue und -festigkeit, die unserem Entschlafenen zu eigen war. Als er in England war, [...] erregte er zuweilen durch seine Körperkraft und Unbesieglichkeit das Staunen der sporttreibenden englischen Leutchen, die ihn deswegen gerne zu ihren Veranstaltungen holten. [...] Was er aber in dieser Art äußerlich war, das besaß er noch mehr im Gemüt und vor allem im geistlichen Leben. [...] Wir schließen diesen Rückblick mit den Worten die er uns gedichtet hat:

*So ziehe hin in Frieden,
es rief der Meister dir,
dir ward das Los beschieden,
auf das noch warten wir.*

*Wir sehn dir nach und flehen:
Herr, mach auch uns bereit,
dass wir uns wiedersehen
am Thron der Herrlichkeit.*[195]

Der Friedhof an der Bornstraße in Wetter, auf dem Maria und Robert Kaiser beerdigt wurden, ist in einen Park umgewandelt worden. Ihre Grabsteine wurden auf den Friedhof

---

[195] Der Gärtner, 44. Jhrg., Nr. 27, 5. Juli 1936, S. 537

des Diakonischen Werks Bethanien in Solingen-Aufderhöhe überführt.

Das ehemalige Diakonissenhaus Bethanien und spätere Altersheim Salem in der Friedrichstraße in Wetter wurde 1964 verkauft[196] und hat einer neuen Senioren-Residenz Platz gemacht. Die Freie evangelische Gemeinde Wetter besteht weiter und hat 2017 ihr Gemeindehaus in der Schöntaler Str. 2, in der Nähe des ehemaligen Diakonissenhauses.

Aus der kleinen ‚Anstalt' von 1897 hat sich bis 2018 das Diakonische Werk Bethanien e.V. mit den Sparten Diakonissen-Mutterhaus, Seniorenzentren, Ambulante Pflegedienste, Krankenhaus, Medizinisches Versorgungszentrum, Therapie- und Erholungseinrichtungen, Fachseminar für Altenpflege, Bildungszentrum entwickelt. Im Herbst 2017 beschäftigte es 1840 Menschen. Es ist inzwischen eine Einrichtung des Bundes Freier evangelischer Gemeinden in Deutschland.

---

[196] 75 Jahre Diakonisches Werk Bethanien, S. 22

Ehemaliges Diakonissenmutterhaus in Wetter (Ruhr)

Diakonisches Werk Bethanien in Solingen-Aufderhöhe

Exkurs: Friedrich Fries

Friedrich Fries wurde als jüngster Sohn meiner Urur-großeltern Engelbert und Johannetta Fries am 18. Dezember 1856 in Mauden geboren. Dieser Ort im heutigen Landkreis Altenkirchen im Westerwald hatte damals etwa 80 Einwohner. Im Frühjahr 1861 verkauften seine Eltern ihr Besitztum Liese-Haus in Mauden, erwarben die Hillesmühle in der Nähe von Waldbröl und übersiedelten zusammen mit ihrer ältesten Tochter Dorothea und deren Mann

Friedrich Kaiser, einem Müller, nach dort. Bald danach verstarb Friedrich Fries' Vater. Seine Mutter blieb mit den Kindern in Hillesmühle bei Familie Dorothea und Friedrich Kaiser. So wuchs Friedrich Fries mit seinem bald darauf geborenen Neffen Robert Kaiser gemeinsam auf und die beiden wurden Freunde und waren später auch beruflich eng verbunden. Bei Kaisers traf sich

Friedrich Fries (um 1890).

ein Bibel- und Gebetskreis aus Waldbröl und Umgebung.

Friedrich Fries erlernte nach der Volksschule ab 1871 das Schmiedehandwerk bei seinem ältesten Bruder, dem Schmiedemeister Karl Fries, in Gosenbach bei Siegen.[197] Er sang gern, gründete mit anderen Jugendlichen einen Gesangverein und wurde dessen Dirigent – ohne Noten lesen zu können. Später begann er ohne theologische Ausbildung, das Evange-

---

197 Bussemer, Konr., Friedrich Fries, S. 40

lium zu predigen. 1879 wurde er Mitglied des Evangelischen Brüdervereins von Elberfeld (für den mein Urgroßvater Carl Bender bis 1879 arbeitete) und wurde Mitte 1879 als Stadtmissionar nach Wesel am Niederrhein entsandt. Der Brüderverein war von dem Fabrikanten Hermann Heinrich Grafe 1850 in Elberfeld gegründet worden. Er war „eine freie Vereinigung von gläubigen Männern aus aller Welt und aus allen christlichen Kreisen, die den Zweck hat, das Evangelium von Jesu Christo und das Heil im Gekreuzigten auszubreiten."[198] Während seiner Arbeit in Wesel beschloss Fries, Missionar in Java zu werden und trat am 15.11.1884 als ‚Gast' in die Neukirchener Mission ein. Java, eine der indonesischen Inseln, gehörte damals zum holländischen Kolonialreich; also lernte Fries Holländisch, Javanisch und Englisch im holländischen Städtchen Ermelo. Dort wurde er bald Prediger einer kleinen christlichen Gemeinde von Holländern, die meist deutsch verstanden. Der Plan einer Missionarstätigkeit auf Java zerschlug sich aus Geldmangel[199] und Fries wurde 1887 Prediger einer Gemeinde in Witten an der Ruhr. Kaum dort, gründete er mit einigen Gesinnungsgenossen mit 6,80 Mark Grundkapital eine Buchhandlung für christliche Literatur, Fries & Co, aus der sich der heute noch bestehende SCM Bundes-Verlag entwickelte. Hier erschienen Periodika wie der ‚Märkische Evangelist' (ab Oktober 1890) und ‚Der Gärtner' (ab Oktober 1893). Der Gärtner heißt seit 1992 ‚Christsein heute". Dann erkannte Fries die Notwendigkeit diakonischer Arbeit, was 1896 in die Gründung einer Diakonissen-Anstalt in Wetter an der Ruhr mündete: Keimzelle des Diakonischen

---

198 Bussemer, Konr., Friedrich Fries, S. 72
199 Vgl. Bussemer, Konr., Friedrich Fries, S. 127 ff

Werks Bethanien mit heutigem Sitz in Solingen-Aufderhöhe und rund 1840 Mitarbeitern. Um seine christlichen Werke zu alimentieren, gründete Fries 1893 eine Seifenfabrik, die Märkische Seifen-Industrie (MSI) in Schwelm. Im ‚Gärtner' wurde eifrig für ihr ‚Savolin' geworben: „Savolin ist ein unübertroffenes Waschmittel, allein fabriziert von der Märkischen Seifenfabrik Schwelm, eignet sich auch ohne jeden Zusatz von Seife und Soda vorzüglich zum Waschen, Putzen und Schrubben. Greift Wäsche und Hände nicht an."[200] Die Seifenfabrik entwickelte sich nicht zu der erhofften Geldquelle, geriet sogar in wirtschaftliche Probleme und wurde 1911 verkauft. Unter den neuen Eigentümern machte sie Industriegeschichte und entwickelte die ersten synthetischen Fette der Welt.[201] 1904 war Friedrich Fries an den Gründungen einer ‚Immobiliengesellschaft Gemeinwohl' und eines Evangelisationswerkes ‚Inlandsmission' beteiligt, die noch bestehen, und 1925 gehörte er zu den Gründervätern der heutigen ‚Spar- und Kreditbank des Bundes freier evangelischer Gemeinden e.G'. Er starb 70-jährig am 23. September 1926 als Prediger in Hamm.[202]

---

[200] Der Gärtner, 5. Jhrg., Nr. 13, 1. Juli 1897 und viele andere

[201] Vgl. Stadtmagazin Witten, Vom Waschball zur Magarine, in www.stadtmag.de/cms/witten/ausgabe-103-seite-6.html [Zugriff 23.05.2017]

[202] Vgl. Weyel, Hartmut, Aber der Anfang war gemacht, Friedrich Fries (1856-1926) Evangelist, Buchhändler, Schriftleiter in: Weyel, Hartmut, Zukunft braucht Herkunft, Bd II, SCM Bundes-Verlag, Witten, 2010, S. 87-99; und private Informationen.

Er wurde auf dem heute nicht mehr existierenden Friedhof an der Bornstraße in Wetter begraben. Sein Grabstein liegt jetzt auf dem Friedhof des Diakonischen Werks Bethanien in Solingen-Aufderhöhe.

Friedrich Fries war ein Idealist, der persönlich äußerst bescheiden lebte und Menschen für seine Ideen begeistern konnte. Ordentliche Gehälter konnte er seinen Mitarbeitern nie versprechen. „Was jüngere Leute zu ihm hinzog, das war sein Idealismus und seine Begeisterungsfähigkeit. [...] Man ging hinweg mit der Überzeugung, dass es nichts Wichtigeres in der Welt gäbe, als das zu tun und auszuführen zu helfen, wovon man soeben gehört hatte", berichtet sein Mitstreiter Konrad Bussemer. Er attestiert ihm daneben „realistische Nüchternheit und Kühle", die ihn einst beten lassen habe „Herr, tue solche beiseite, die nicht ausreichend in deinem Werke sind".[203] Ein treffliches Beispiel solch realistischer Nüchternheit und Kühle geben zwei im ‚Gärtner' erschienene Philippiken an Einsender von Gedichten:

M.S.W. Ihre Gedichte sind bei uns eingegangen. Ihrem Wunsche, im Gärtner mitzuteilen, was denselben noch fehle, kann nicht entsprochen werden. Dazu ist der Raum in unse-

---

[203] Bussemer, Konr., Friedrich Fries, S. 192-194

rem kleinen Blatt zu teuer und auch unsere Zeit zu schade. Wir konnten es nicht über uns gewinnen, die Gedichte alle zu lesen. In den Gedichten, die wir gelesen haben, ist kaum ein Vers, geschweige denn eine ganze Strophe einwandfrei. Wir haben darum für keines der Gedichte Verwendung. Es ist immer die alte Geschichte: ein paar allgemeine Gedanken, die jedermann geläufig sind, sind in etliche mangelhafte, ja schlechte Reime gebracht, und die sollen dann der Mitwelt als Gedichte bekannt gegeben werden. Das geht nicht an. F.

Und noch etwas härter:

Ungenannt. Von Ihrem Gedicht kann so ziemlich dasselbe gelten, was wir oben einem anderen Einsender schrieben. Solche Leistungen finden verschwiegenen Empfang bei dem unersättlichen Gehülfen, der unter unserem Schreibtisch steht. [Papierkorb H.R.] Dorthin wandern für gewöhnlich solche Einsendungen, denen die Unterschrift fehlt. Wer etwas schreibt und einem christlichen Blatt einsendet, soll seinen Namen nennen, sonst hat er keinen Anspruch auf Beachtung. F.[204]

In meiner kindlichen Fantasie bildete sich aus den Erzählungen meiner Mutter und Tanten ein sehr positives Bild vom ‚wilden‘ und ‚verrückten‘, ‚Onkel Fries‘, der ‚auf einem Gedanken nicht toll wurde‘. Im Rückblick ähnelte er der mir damals noch unbekannten Pipi Langstrumpf, die ja auch vor keiner Herausforderung zurückschreckte.

---

[204] Der Gärtner, 21. Jhrg., Nr. 18, 4. Mai 1913, S. 143

Exkurs: Oberin Hanna Hoevel

Hanna Hoevel trug von 1900 bis 1927 gemeinsam mit Robert Kaiser wesentlich zum Aufbau des Diakonissenhauses Bethanien in Wetter bei.[205] Sie stammte aus einer wohlhabenden Kaufmannsfamilie in Wesel am Niederrhein und war das erste von 17 Kindern von Wilhelm

Hoevel und seiner Frau Henriette, geb. Zimmermann. Die Hoevels waren fromme und angesehene Leute mit Kontakten zu vielen freikirchlich gesinnten Menschen. Auch Friedrich Fries verkehrte in ihrem Haus. Wilhelm Hoevel war von 1898 bis 1912 Vorsitzender des Bundes Freier evangelischer Gemeinden in Deutschland.

Die am 13. März 1868 geborene Hanna Hoevel gewann schon in jungen Jahren viel Erfahrung im riesigen elterlichen Haushalt. In ihrem 29. Lebensjahr machte sie vom 20. Mai 1896 bis zum 15. August 1897 eine Krankenpflege-Ausbildung beim ‚Evangelischen Diakonie-Verein (Verein zur Sicherstellung von Dienstleistungen der evangelischen Diakonie, eingetragene Genossenschaft mit beschränkter Haftpflicht.)‘ Ihr Zeugnis vom ‚Diakonie-Seminar der Städt. Kranken-Anstalten zu Elberfeld‘ vom 20. Mai 1898 bescheinigt gute theoretische Befähigung und sehr gute Leis-

---

[205] Vgl. Der Gärtner, 33. Jhrg., Nr. 39, 27. September 1925, S. 627/628 und Der Gärtner, Nr. 35, 30. August 1953, S. 526; Weyel, Hartmut, Zukunft braucht Herkunft, Bd 1, S. 253-269; leben helfen, S. 18

tungen in praktischer Krankenpflege.[206] In Elberfeld kam sie bald in „eine selbständige Stellung als Stationsschwester".[207] Sie soll erwogen haben, Missionarin zu werden.[208]

In dem jungen, kleinen Diakonissenhaus in Wetter an der Ruhr mit einem guten Dutzend Schwestern rumorte es Ende 1899. Die erste Oberin war nach kurzer Dienstzeit zum Jahresende 1898 ausgeschieden, weil sie einen verwitweten Prediger mit mehreren kleinen Kindern heiratete. Ihre Stelle hatte kommissarisch die Ehefrau des Inspektors übernommen, die mit vier eigenen kleinen Kindern und gelegentlich mehreren Pflegekindern schon reichlich ausgelastet war. Wie ihre Vorgängerin war sie für die Aufgabe einer Oberin nicht ausgebildet. Acht Schwestern verlangten Anfang Januar 1900 eine Aussprache mit dem Vorstand und eine hauptamtliche Oberin, „die Herz und Verständnis für die Bedürfnisse und Arbeit der Schwestern hat." Einige Schwestern waren schon ausgetreten und andere erwogen ihren Austritt.[209] In dieser Notlage suchte der Vorstand Hilfe bei Hanna Hoevel. J. Millard schrieb ihr am 9. Januar 1900:

Liebe Schwester Hannah,

Gestatten Sie mir, noch einmal über unser kleines Diakonissenwerk offen mit Ihnen zu beraten. Der Herr hat über manche Schwierigkeiten der Anfangszeit hinweggeholfen;

---

[206] Bethanien-Archiv, Ordner Schulentlassungszeugnisse
[207] N.N. (möglicherweise J. Millard), ohne Titel, Ort und Datum, (Rede-?) Typoskript, S. 6; Bethanien-Archiv.
[208] Vgl. Millard, J., Brief an Liebe Schwester Hannah, Wesel, 9. Jan. 1900; Bethanien-Archiv, Ordner Diakonie Verein Bethanien
[209] Geehrter Herr Millard, Brief vom 8. Jan. 1900; Bethanien-Archiv, Ordner Diakonie-Verein Bethanien

aber eine Not wird immer dringender: wir müssen eine tüch-
tige Oberin haben, die die Schwestern mit fester und doch
sanfter Hand leiten kann und mit Verständnis für die Be-
dürfnisse der Schwestern an deren Erziehung und Ausbil-
dung arbeiten kann. [...] Ich glaube [...], sie von unserer Not
in Kenntnis setzen zu müssen, damit Sie die Frage erwägen,
ob Sie nicht berufen sind, in unsere Arbeit einzutreten. Nach
der äußeren Führung liegt es ja sehr nahe, so zu denken. Ob
dazu die innere Führung stimmt, weiß ich nicht. [...]

Unser Werk ist sehr bescheiden, der Eintritt würde Ihnen
manche Verleugnung auferlegen. Aber alle Reichsgottes-
Arbeiten, die Bestand haben, fangen senfkornartig an.

Große Schwierigkeit bereitet uns die Ausbildung der
Schwestern. Herr Pastor von Bodelschwingh hat zwei unserer
Schwestern zur Ausbildung übernommen und hat – das sage
ich Ihnen im Vertrauen – der Hoffnung Ausdruck gegeben,
uns ein Krankenhaus zur völligen Versorgung u. somit zur
Ausbildung unserer Schwestern überweisen zu können. Aber
ob und wann diese Hoffnung in Erfüllung geht, weiß ich
nicht. P. v. Bod. ist ja schon lange krank.[210]

Für Hanna Hoevel war es eine schwere Entscheidung. Robert Kaiser schrieb dazu:

Soviel ich weiß, bestanden im Familien- und Freundeskreis
zuerst noch ziemlich ernste Bedenken, mit denen sie sich aus-
einanderzusetzen hatte, bevor sie ihr Kommen zusagen konn-
te. Und diese Bedenken waren natürlich sehr gut zu verste-
hen. Hatte doch das junge Diakonissenwerk damals noch ver-

---

[210] Millard, J., Brief an Liebe Schwester Hannah, Wesel, 9. Jan. 1900;
Bethanien-Archiv, Ordner Diakonie-Verein Bethanien

hältnismäßig wenig Freunde und Gönner. Die meisten Geschwister der Freien evangelischen Gemeinden standen ihm im besten Fall abwartend gegenüber, während andere – sehr hochgeschätzte, einflussreiche Brüder – ihrer großen Besorgnis hin und wieder Ausdruck verliehen haben. Und das ist wahrscheinlich auch der Schwester Hanna Hoevel gegenüber geschehen! Aber der Herr hat ihr trotzdem den Mut und die Freudigkeit gegeben, in den Schwesternverband des Diakonie-Vereins ‚Bethanien' einzutreten. [...] Mit ihrem Hinzukommen war die Schwesternzahl auf 15 gestiegen. Um sie zur Oberin zu befördern bedurfte es keines besonderen Beschlusses, da sie eben ganz stillschweigend als solche anerkannt wurde.[211]

Hanna Hoevel bewies Mut, als sie am 31. August 1900 in das Mutterhaus eines kleinen Diakonie-Vereins eintrat, der seine laufenden Kosten damals nur zum Teil durch die Einnahmen aus seiner Geschäftstätigkeit deckte und ansonsten auf ‚Liebesgaben' von Vereinsmitgliedern und anderen Spendern angewiesen war. Das Mutterhaus stand vor einer unsicheren Zukunft. Die Schwestern bangten und beteten, wenn kaum noch Geld in der Kasse war: 17 oder 27 Pfennig oder 1 ½ Stunden vor Fälligkeit noch nicht ausreichende Mittel für Kreditzinsen.[212]

Schwester Hanna erwarb sich schnell hohes Ansehen in ihrer neuen Aufgabe und bildete mit Robert Kaiser ein ideales

---

[211] Kaiser, Robert, Aus der Not geboren, Maschinenschriftliche Erinnerungen, 8.9.1930, S. 6; Verfasser und Datum ergeben sich aus dem Text. Bethanien-Archiv, Ordner Die Anfänge – Eine Erinnerung.
[212] Aus den Erinnerungen von Schwester Elisabeth Werner, maschinenschriftlich ohne Ort und Jahr, S. 3; Bethanien-Archiv

Team, das das Mutterhaus Bethanien bis 1927 führte. In den 27 Jahren gemeinsamer Tätigkeit stieg die Zahl der Schwestern fast um das Siebenfache auf über 100. Weil es in Wetter zu eng geworden war, zog das Mutterhaus 1927 samt Oberin Hanna Hoevel auf ein großes Gelände in Solingen Aufderhöhe um. Der 65 Jahre alte Robert Kaiser blieb als Prediger der örtlichen Freien evangelischen Gemeinde und als Vorsteher des Altenheims ,Salem' in Wetter.

Hanna Hoevel wurden großes Organisationstalent und Geschick zur Menschenführung zugesprochen, das sie eher als ,Diakonissenmutter' denn als Oberin erscheinen ließ. Kurz vor dem Ende des Ersten Weltkrieges verlieh ihr der preußische König die ,Rote Kreuzmedaille dritter Klasse'.[213] In der Urkunde vom 9. August 1918 wird diese Ehrung nicht begründet; vermutlich hing sie mit den Lazarett-Diensten von Bethanien zusammen.

Hanna Hoevels Bruder August ermöglichte 1920 den Beginn der heute noch bestehenden Bethanien-Arbeit auf der ostfriesischen Insel Langeoog, indem er 1920 ein dortiges Erholungsheim zunächst auf eigene Kosten mietete und von Bethanien-Schwestern bewirtschaften ließ. Daraus hat sich das VCH Ferien und Freizeitzentrum Bethanien entwickelt, das im Herbst 2017 über 127 Gästebetten in 74 Zimmern verfügte.[214]

Zu Hanna Hoevels 25. Dienstjubiläum kamen eine Woche lang Gäste von nah und fern und feierten die Jubilarin mit

---

[213] Bethanien-Archiv, Ordner Schulentlassungszeugnisse
[214] Mitteilung der Geschäftsführung des Diakonissenwerks Bethanien vom 20.10.2017

vielen Reden und extra für diesen Zweck geschaffenen Gedichten und Liedern. Auch Robert Kaiser und sein Sohn Adolf steuerten eigene Werke bei. Von einem Gedicht von M. Ulbrich wurde vermutet, dass es der Jubilarin aus dem Herzen gesprochen habe; es lautete:

Es reut mich nicht!

Es reut mich nicht, daß ich das Kleid genommen,
das schöne Kleid des Herrn;
er gab es mir zu meinem Frommen,
drum trag ich's willig froh und gern.
Ich wandre still auf meinem Wege,
der Herr hält mich in treuer Pflege
und ist mir allzeit Trost und Licht, –
es reut mich nicht!

Es reut mich nicht, in seinem Dienst zu meiden,
was sonst ein Menschenherz ergötzt.
Fahr hin, oh Welt, mit deinen Freuden,
ich hab ein besser Kleinod jetzt,
ich diene einem bessern König;
was ich verließ, es gilt mir wenig,
ich habe gute Zuversicht,
es reut mich nicht!

Es reut mich nicht, ob auch durch schwere Zeiten
zuweilen sich mein Wandel lenkt.
Zum Leiden wird mir wie zum Streiten
von oben Mut und Kraft geschenkt,
das Leiden mehrt die Christenwürde,
drum trag ich willig meine Bürde,
ich weiß, daß sie mich nicht zerbricht.
Es reut mich nicht!

Es reut mich nicht, wenn ich im Dienst auch sterbe,
eh ich des Alters Höh erreicht,
ich weiß von einem bessern Erbe,
dem keins der Erdengüter gleicht.
Darf ich des Heilands Lob vermehren,
so leb' und sterb' ich ihm zu Ehren,
einst leuchtet mir sein ewig Licht!
Es reut mich nicht![215]

Im Geschäftsverkehr scheint Schwester Hanna als ehrbare Kauffrau gegolten zu haben, auf deren mündliche Zusagen man sich verlassen konnte. Als der Diakonie-Verein Bethanien von einer Frau Hoppe ein großes Gelände samt Aufbauten und Inventar in Solingen-Aufderhöhe kaufte, heißt es in einem Bericht: „Außervertraglich ist von Schw. Hanna zugestanden worden, daß wir für die nächsten Wochen Kranke, die in Frau Hoppes Behandlung sind, aufnehmen wollen, wenn sie sich in die Ordnungen des Hauses einfügen."[216]

Im April 1927 übersiedelte Hanna Hoevel mit dem Diakonissenhaus ‚Bethanien' nach Solingen-Aufderhöhe. Dort war Platz für weitere Expansion und dort befindet sich auch 2018 noch die Zentrale des inzwischen Diakonisches Werk Bethanien e.V. heißenden Unternehmens. Das alte Mutterhaus in Wetter wurde zum Altenheim ‚Salem'. Der 65jährige Robert Kaiser blieb als dessen Vorsteher und Prediger der dortigen Freien evangelischen Gemeinde in Wetter.

---

[215] Ulbrich, M., Es reut mich nicht, Der Gärtner, 33. Jhrg., Nr. 39, 27. September 1925, S. 627/628
[216] Bericht ohne Verfasserangabe vom 6. Mai 1926 an Dr. Weinstock; Archiv der Diakonie Bethanien, Ordner Schulentlassungszeugnisse

Die Zusammenarbeit mit dem neuen Inspektor, dem Prediger Wilhelm Paulerberg, in Solingen-Aufderhöhe scheint für Hanna Hoevel problematisch gewesen zu sein. In einem Nachruf wird berichtet, dass sie ‚manche Einschränkung' erfahren musste, während sie neben Robert Kaiser „weitgehend freie Hand [gehabt habe], so daß sie ihre Gaben der Leitung und Betreuung recht entfalten konnte."[217] Möglicherweise haben sich der neue Inspektor und die Oberin schließlich sogar überworfen: Schwester Hanna ging am 15. März 1938 mit 70 Jahren in den Ruhestand, obwohl es noch keine Nachfolgerin gab. Ihr Posten blieb ein halbes Jahr vakant, bis am 15.10.1938 Schwester Lydia Nöll als Nachfolgerin eingeführt wurde.[218] Die Gründe für die lange Vakanz sind unklar; aber es erscheint erstaunlich, dass die pflichtbewusste Hanna Hoevel nicht auf ihrem Posten blieb, bis ihre Nachfolgerin den Dienst antrat.[219]

---

[217] Der Gärtner, Nr. 35, 30.08.1953, S. 526

[218] Vgl. leben – helfen, S. 18

[219] Schriftverkehr im Archiv des Diakonievereins, Ordner Diakonie-Verein Bethanien, zeugt von einem jahrelangen Streit zwischen Sr. Hanna und dem Inspektor Paulerberg um die Übernahme der Kosten von 250 Mark für eine Augenoperation von Hanna Hoevel und ihres Umzugs von Solingen nach Wetter. Er schwelte bis Herbst 1941 und beschäftigte sogar die Leitung des Bundes Freier evangelischer Gemeinden, die sich schlimmstenfalls bereit erklärte, die Kosten zu tragen, um die Sache aus der Welt zu schaffen. Paulerberg scheint kein Team-Player gewesen zu sein; er wurde wegen eigenmächtiger Geschäftsführung und schlechtem Verhältnis zu den Diakonissen kritisiert. Vgl. Brief ohne Absenderangabe (aus Kontext Vorstand und Verwaltungsrat des Diakonie-Vereins Bethanien) an Herrn Inspektor Wilhelm Paulerberg vom 21. Januar 1948; Bethanien-Archiv, Ordner Diakonie-Verein Bethanien.

Nach ihrer Pensionierung kehrte Schwester Hanna nach Wetter zurück und verbrachte ihren Lebensabend im Altenheim ‚Salem'. Sie war mit Familie Kaiser freundschaftlich verbunden. Die Kaiser-Kinder hielten auch als Erwachsene zu ‚Tante Hanna' Kontakt. So habe ich als kleines Kind die freundliche alte Dame kurz vor ihrem Tod in Begleitung meiner Mutter und zweier Tanten auch noch besucht und erinnere mich vage, wie sie mir im großen Garten des Altersheims Salem von meinen Großeltern erzählt hat. Sie starb überraschend am 08. Februar 1946 nach kurzer Krankheit. Sie wurde auf dem heute nicht mehr existierenden Friedhof an der Bornstraße in Wetter begraben, auf dem auch Friedrich Fries und Maria und Robert Kaiser ihre letzte Ruhestätte gefunden hatten.[220] Ihr Grabstein wurde auf den Friedhof des Diakonischen Werks Bethanien in Solingen-Aufderhöhe überführt.

---

[220] Vgl. Der Gärtner, Nr. 35, 30.08.1953, S. 526

Werdegang von Maria und Robert Kaisers Kindern

Hermann, geb. 31.10.1894, war hochbegabt. Im Gymnasium übersprang er zweimal eine Klasse und machte mit 16 Jahren Abitur. Seine Abiturrede war so bemerkenswert, dass Zeitungen darüber berichteten. Er studierte danach mit finanzieller Unterstützung von Verwandten (vermutlich seines reichen Onkels Hermann Bender) in der Schweiz Philosophie und kam freiwillig im ersten Weltkrieg zum Kriegsdienst ins Vaterland zurück. Am 18.03.1915 fiel er gut zwanzigjährig durch Kopfschuss in Frankreich auf der Höhe von Combres nicht weit von Verdun.

Friedhelm, geb. 26.11.1895, besuchte eine Ingenieurschule. Er starb nach 7 Wochen langer Krankheit am 19.04.1913 mit 17 Jahren und 5 Monaten. Ob ihn wirklich eine Blutvergiftung das Leben kostete, blieb unklar. Es könnte sein, dass den Eltern das Geld für einen Arzt fehlte, als er tagelang mit hohem Fieber daniederlag. Es wurde spekuliert, dass ein Arzt eventuell eine andere Krankheit diagnostiziert und behandelt hätte.

Die erste **Lydia**, geb. 18.10.1896, (es gab später eine zweite) starb bereits am 04.09.1897 mit 11 Monaten auf dem Arm ihrer Mutter an Keuchhusten.

Tabea, geb. 23.12.1897, galt als couragiert. Sie hat sich einfach  als Köchin in einem Krankenhaus in Kirn an der Nahe beworben und später als Köchin in Bad König im Odenwald gearbeitet. Dort hat sie sich mit ihrem späteren Ehemann Wilhelm Höffken, einem Speditionskaufmann, verlobt, den sie auf einem Missionsfest in Wetter kennengelernt hatte. Die beiden lebten jahrzehntelang in Duisburg, wo Tabea am 13.12.1967 mit gut 69 Jahren und Wilhelm Höffken am 10.06.1984 mit 84 Jahren starb. Sie hatten 6 Kinder, von denen das zweite, ein Sohn, nach nur 27 Stunden am sogenannten frühen Kindstod starb. Hilde besuchte eine Handelsschule und heiratete den Klempnermeister Willi Schierling. Sie bekamen 4 Kinder. Hilde starb 1998; Willi Schierling 2011. – Gertrud besuchte eine Frauenfachschule und heiratete den Mathematiker und Versicherungsmanager Erich Mischke, mit dem sie 2 Kinder bekam. Erich Mischke starb 1995. – Erich Höffken wurde begeisterter Ingenieur und Manager und heiratete die Außenhandelskauffrau Annemarie Momm, mit der er 2 Kinder hat. – Ernst studierte Theologie und Betriebswirtschaft und wurde Manager in der Montan-Industrie. Er heiratete Maria Weber und bekam mit ihr 2 Kinder. Ernst Höffken starb 2010. – Hermann Höffken wurde Bankkaufmann und heiratete die Buchhalterin Ruthild Acker, mit der er 4 Kinder bekam. Hermann Höffken starb 2011.

Dora, geb. 14.04.1899, galt als sanfter als ihre ältere Schwester

Tabea. Sie fand es nicht richtig, dass die Brüder eine bessere Ausbildung erhielten als die Mädchen. Sie heiratete den Lehrer und Konrektor Gustav Oberhomburg in Wetter und hatte mit ihm 4 Kinder: Friedhelm, Herbert, Edith und Manfred. Alle wurden Lehrer. Dora litt jahrzehntelang an rheumatoider Polyarthritis und starb am 08.09.1965 mit 66 Jahren in Wetter. Ihr Witwer Gustav Oberhomburg starb am 26.08.1974 knapp 80-jährig in Hunsbach. Die Söhne Friedhelm und Herbert hatten keine Kinder. Friedhelm starb bereits 1957, Herbert 2003. Edith heiratete den Pfarrer Günter Runkel und bekam mit ihm 2 Kinder. Günter Runkel starb 2005. Manfred und seine Frau Gisela, Sozialarbeiterin, bekamen ebenfalls 2 Kinder.

Adolf, geb. 20.11.1900, musste seinen Besuch des Gymnasi-

ums mit 17 Jahren unterbrechen, weil er im ersten Weltkrieg als Soldat eingezogen wurde. 1919 machte er Abitur und wollte Landwirtschaftslehrer werden. 1920 entschloss er sich anders und besuchte – wie schon sein Vater – die Missionsschule in Neukirchen, um sich als Missionar für Afrika ausbilden zu lassen. Nach dem verlorenen ersten Weltkrieg verhinderten die Engländer lange deutsche Missionstätigkeit im Ausland. Deshalb wurde Adolf nach vierjähriger Missionarsausbildung 1924 Prediger der Freien evangelischen Gemeinde in Simmern im Hunsrück. Von 1930 bis 1955 diente er als Prediger der Freien evangelischen Gemeinde in Wuppertal-Vohwinkel. Im 2. Weltkrieg musste er seine Gemeindeaufgaben lange unterbrechen, weil er als Soldat, Fabrikarbeiter und Polizist dienstverpflichtet wurde. 1955 wurde er zum Inspektor, d.h. geistlichen Leiter, des Diakonischen Werkes Bethanien berufen. Das ist die Institution, der sein Vater unmittelbar nach ihrer Gründung lange vorgestanden hatte und die 1927 von Wetter nach Solingen-Aufderhöhe umgezogen war. Diese Aufgabe nahm er bis 1967 wahr. Adolf Kaiser heiratete 1927 Maria Lützenkirchen, die wie seine Mutter aus einer Solinger Fabrikantenfamilie stammte. Mit ihr hatte er 6 Kinder, von denen eins allerdings kurz nach der Geburt starb. Adolf Kaiser starb am 06.12.1984 mit 84 Jahren, Maria folgte ihm am 04.01.1986 mit 82 Jahren. Ihr Sohn Gerhard studierte Wirtschaftswissenschaft mit Abschluss Diplom-Kaufmann und danach Rechtswissenschaft mit Abschluss Volljurist und Dr. jur. und wurde Bankmanager. Seine Ehe mit Karin Niemeyer, Studiendirektorin am Gymnasium, blieb kinderlos. – Friedhelm wurde Professor für osteuropäische Geschichte. Er heiratete die Studienrätin Brigitte Reuter und hatte mit ihr einen Sohn. Friedhelm Kaiser starb 1983. – Dieter wurde zuerst Schreiner, danach Studiendirektor an einem Abendgymnasium. Seiner Ehe mit Ruth Müller entstammt eine Tochter. Ruth Kaiser starb 1993, Dieter 1995. – Dorothea Kaiser wurde Schneiderin und heiratete den Baumeister Adolf Michel, mit dem sie 5 Kinder bekam. Außer den eigenen Kindern zogen sie noch eine Pflegetochter groß. – Reinhold Kaiser wurde Professor für mittelalterliche Geschichte; er heiratete Dr. Marie-Thérèse Guyot, Maître assistante d'université, und bekam mit ihr 3 Kinder.

Maria, genannt Mieze, geb. 16.12.1901, starb knapp 17-jährig

am 06.11.1918 in Wetter an Grippe. Sie hatte im ersten Weltkrieg ein Jahr lang im Krankenhaus Eisleben in der Küche ausgeholfen, erkrankte 5 Tage nach ihrer Heimkehr und starb 10 Tage später. Sie wurde von den Geschwistern heftig betrauert.

Paul, geb. 18.01.1903, wurde Lehrer. In Duisburg heiratete er

Käthe Walter aus Witten, die bei ihren Duisburger Neffen und Nichten sehr beliebt war. Nach der Geburt ihres ersten Kindes erlitt sie eine Schwangerschaftspsychose und vergiftete sich und den gut 3 Monate alten Sohn Wolfgang am 16.01.1935. Paul heiratete danach die Lehrerin Ida Huth und lebte jahrzehntelang in Niederdresselndorf. Dort starben Paul Kaiser mit 81 Jahren am 30.12.1984 und Ida Kaiser am 09.01.1997 mit 85 Jahren. Ihr einziger Sohn hieß auch Wolfgang; er wurde Elektroingenieur und heiratete die Fotodrogistin Friedelore Oerter. Mit ihr bekam er einen Sohn. Wolfgang Kaiser starb am 11.09.2000.

Clementine, genannt Clemen, geb. 20.05.1904, heiratete Mar-

tin Marquardt, den verwitweten Generalsekretär des Christlichen Vereins Junger Männer CVJM in Deutschland, [heute Christlicher Verein junger Menschen] der einen sechsjährigen Sohn Günter mit in die Ehe brachte. Da Clemen und Martin keine eigenen Kinder bekamen, adoptierten sie im

Zweiten Weltkrieg Elisabeth Vaupel. Martin Marquardt starb am 31.10.1963 mit knapp 70 Jahren in Kassel. Clemen lebte danach oft bei meinen Eltern, mit denen sie sich prächtig verstand. Bei meinen Kindern war ‚Frau Clemen‘ überaus beliebt. Sie hörte ihren oft phantasievollen Erzählungen geduldig zu und wird auch 28 Jahre nach ihrem Tod noch mit ihrer Erstaunen vorgebenden Frage zitiert: „Is wahr, Eckhard?" Sie starb am 05.11.1989 mit 85 Jahren in Kassel, begraben wurde sie an ihrem letzten Wohnsitz in Wabern-Falkenberg. Die Tochter Elisabeth wurde Zahnarzthelferin und ist mit dem Maler Erich Vaupel verheiratet. Sie hat 3 Kinder. – Günter Marquardt wurde zuerst Schlosser und später Pfarrer. Seiner Ehe mit Elisabeth Raschke entstammen 4 Kinder. Günter Marquardt starb am 25.09.1994, seine Frau Elisabeth am 29.12.2017.

Martha, geb. 08.07.1905, besuchte eine Haushaltungsschule  und führte ihrem 1932 verwitweten Vater bis 1936 in Wetter den Haushalt. Dann heiratete sie den Steuerberater und Wirtschaftsprüfer Theophil Röhm und zog mit ihm nach Wuppertal. Dort bekamen sie ihr einziges Kind, Hermann, und dort starben sie: Martha 82-jährig am 12.01.1987 und Theophil mit 87 Jahren am 28.12.1989, kurz nachdem er wegen einer Lungenentzündung seine Arbeit unterbrochen hatte. Der einzige Sohn studierte Wirtschaftswissenschaften und war lange Manager in der chemischen Industrie. Mit 58 Jahren ging er für ein Projekt der Bundesregierung nach China und arbeitete dort noch lange nach der Pensionierung als Berater und Lehrer. Aus seiner ersten Ehe mit der

Lehrerin Eva-Marie Tebbe hat er 5 Kinder. Die zweite Ehe mit Jiang Yindi, Dolmetscherin und Juristin, blieb kinderlos.

Elisabeth, geb. 13.07.1906, wurde Krankenschwester und leis-

tete im Zweiten Weltkrieg Übermenschliches. Dafür bekam sie eine Reihe von Orden mit je einem Exemplar des Hitler-Buches „Mein Kampf". Diese Bücher wurden in den entbehrungsreichen Nachkriegsjahren als Toilettenpapier verbraucht. Leider waren Elisabeths Leistungen nur mit Aufputschmitteln möglich gewesen, deren Gefährlichkeit damals unbekannt war. Sie ruinierten ihre Gesundheit und führten sie auf einen langen Leidensweg. Sie war sehr gebildet, insbesondere in deutscher Geschichte, und ich erlebte sie als glühende Royalistin. Sie starb am 28.04.1978 knapp 72-jährig ohne je verheiratet gewesen zu sein.

Lydia – die zweite, die erste ist als Baby gestorben – geb.

31.08.1908, wurde Buchhändlerin und arbeitete jahrzehntelang im Bundes-Verlag, den ihr Uronkel Friedrich Fries 1889 in Witten gegründet hatte. Ich habe sie als sehr belesene Frau in Erinnerung, die sarkastische Sprüche reißen konnte. „Oh zarte Sehnsucht, süßes Hoffen, er konnte nicht kommen, er war zu besoffen" als Kommentar zur Liebe einer Frau zu einem Säufer, oder „wenn es hochkommt, sind's 80, und wenn es rauskommt, sind's 90" zur Beschreibung von Erbrechen in Anlehnung an den Bibelspruch „Unser Leben währet 70 Jahr und wenn's hoch kommt, so sind's 80". Sie war allergisch gegen hohle

Sprüche – auch fromme – und beschrieb Sprücheklopfer als „der steckt voller Sprüche, wie der Hund voll Flöh". Sie heiratete 1960 mit 42 Jahren den verwitweten China-Missionar Hermann Schäfer, der aus erster Ehe zwei Söhne mitbrachte: Manfred und Johannes. Hermann Schäfer wurde bald Leiter des Bundesverlages in Witten. Er starb dort völlig überraschend im Alter von knapp 64 Jahren am 08.08.1975. Lydia überlebte ihn bis zum 12.01.1994 als sie 86 jährig in Witten starb. In ihren letzten Jahren war sie blind, fand sich aber zu meinem großen Erstaunen sehr gut in ihrer Wohnung zurecht.

Zusammenhalt der Familie

In den schlimmen Jahren ab 1943 hatte ich immer das Gefühl, dass meine Kaiser-Verwandtschaft eng zusammenhielt. Als Onkel Pauls Familie in Duisburg ausgebombt worden war, lebten seine Frau und seine Schwiegereltern eine Zeitlang in unserem Haus in Wuppertal. Komischerweise kann ich mich nicht erinnern, dass mein kleiner Vetter Wolfgang dabei war. Nach dem Krieg lebte Tante Elisabeth, die sich als Krankenschwester gesundheitlich ruiniert hatte, mit Unterbrechungen jahrelang bei uns. Für kurze Zeit fand auch Kusine Edith Oberhomburg Unterkunft in dem überfüllten Haus, als sie zum Studium der Pädagogik nach Wuppertal kam.

Als mein Vater nach dem Krieg im Osten verschollen war und die Finanzen der Familie ins Wanken gerieten, halfen meine Tanten Elisabeth und Lydia bei der Bezahlung der Hypotheken-Schulden. Sie überredeten meine Mutter auch, mich trotz knappen Geldes aufs Gymnasium zu schicken, was damals Schulgeld kostete. Sie wollten beim Bezahlen helfen, was dann aber nicht nötig wurde, weil meinem Vater die Flucht aus polnischer Kriegsgefangenschaft gelang. In den Hungerjahren nach dem zweiten Weltkrieg wurde ich nach Niederdresselndorf zu Onkel Paul und Tante Ida eingeladen, wo es auf dem Land mehr zu essen gab als in der Stadt. Ich erinnere mich auch an einen Aufenthalt in Duisburg bei Tante Bea und Onkel Willi und ihren 5 Kindern, nachdem ihr im Krieg zerbombtes Haus wieder einigermaßen hergerichtet worden war. Bei Onkel Adolf und Tante Maria und ihren 5 Kindern in Wuppertal-Vohwinkel waren meine Mutter und ich oft zu Gast und mir ist damals nicht klar gewesen, dass sie finanziell sehr beengt waren, weil Prediger sehr schlecht bezahlt wurden. Das habe ich erst Jahre später von meinen erwachsenen Vettern erfahren. Im Übrigen lebte ich ja auch nicht fürstlich, meine Mutter war oft froh, wenn sie Kartoffelschalen anderer Leute auf den Tisch bringen konnte. Nur zu Tante Dora und Onkel Gustav und ihren Kindern – bis auf die erwähnte Edith – hatten wir weniger Kontakt, vermutlich weil die schwer kranke Tante Dora immobil war und auch schlecht Besuch brauchen konnte.

Nachwort

Meine Großeltern Maria und Robert Kaiser lebten bei meiner Geburt nicht mehr. Ich kenne sie nur von Bildern, aus Erzählungen und aus einer Reihe öffentlicher und privater Dokumente. Darunter ist ein geistliches Liederbuch ‚Pilgerklänge' aus der Feder meines Großvaters. Aus diesen alten Quellen habe ich sehr viel wörtlich zitiert, um Gedankenwelt und Diktion der Vorfahren und den damaligen Zeitgeist möglichst authentisch wiederzugeben.

Zum Gelingen dieses Berichts haben nahe und entfernte Verwandte und Bekannte beigetragen, die aus eigener Erinnerung berichteten, Erinnerungen von Vorfahren beisteuerten, mir Unterlagen besorgten und meinen Text kritisch durchsahen und verbesserten.

Herzlichen Dank an:
Bahr, Günter, Ewersbach
Bender, Hermann, Kierspe
Bender, Nanny, Kierspe
Biallowons, Sr. Ursula, Solingen
Buntrock, Rebecca, Solingen
Dembowski, Sr. Hanna, Solingen
Finger, Carsten, Wetter
Heymann, Christa, Solingen
Höffken, Dr. Erich, Dinslaken
Höffken, Hermann & Ruthild, Moers
Höffken, Sarah, München
Imhof, Otto, Solingen
Jung, Günter, Daaden

Kaiser, Ewald, Chicago
Kaiser, Friedelore, Wilnsdorf-Wilden
Kaiser, Dr. Gerhard, Stuttgart
Kaiser, Nate, Chicago
Kaiser, Prof. Dr. Reinhold, Stockach
Lüling, Marion, Wetter
Michel, Adolf & Dorothea, Remscheid-Lennep
Mischke, Gertrud, Münster
Oberhomburg, Manfred, Wetter
Ossig, Bärbel & Konrad, Hillesmühle
Röhm, Eckhard, Berlin
Runkel, Edith & Günter, Bad Nenndorf
Schlaht, Diana, Witten
Schröder, Irene, Hillesmühle
Schultheiß, Regina, Neukirchen
Vaupel, Elisabeth & Erich, Wabern-Falkenberg
Wachter, Ute, Mettmann
Weyel, Hartmut, Brühl

Köln, 6. April 2018
Dr. Hermann Röhm

Literatur

Austattungsgegenstände, welche die in das Diakonissenheim ‚Bethanien' in Aufderhöhe, Kr. Solingen, eintretenden Schülerinnen mitbringen sollen, sofern sie dazu imstande sind. Bethanien-Archiv, Ordner Schulentlassungszeugnisse.

Bender, Carl, Familienchronik, handschriftlich, Kierspe, 15.01.1909

Bender, Carl, 1906. Maschinenschriftliche Kopie vermutlich von Adolf Kaiser mit dem Titel ‚Unser Großvater Carl Bender hat zu seiner Silbernen Hochzeit folgendes Gedicht verfasst'. Abgeschrieben am 19.11.1983, dem 51. Todestag unserer Mutter! – Der 51. Todestag bezieht sich auf Maria Kaiser geb. Bender.

Bender, Josef, China Bote; Oktober 1897, S. 21; zitiert nach Röhm, Hermann, Chinesen vor der Hölle retten, Verlag Tredition, Hamburg, 2017, S. 35

Bettex, Die Stellung des Weibes nach dem Neuen Testamente, Der Gärtner, 21. Jhrg., Nr. 9, 2. März 1913, S. 68f

Bussemer, Konr., Friedrich Fries – Ein Lebensbild: Friedrich Fries – ein Diener der Gemeinde Jesu aus dem Volk (1856 – 1926), Bundes-Verlag, Witten a. d. Ruhr, 1929

China Bote, Monatsschrift der Deutschen China Allianz Mission, Barmen, und ihrer Nachfolger Allianz China Mission, Barmen, und Allianz Mission, Wuppertal-Barmen. Herausgegeben von 1892 bis 1952, danach ‚Missionsbote', mit redaktionellen Beiträgen und Berichten von Missionaren

Der Gärtner, Ein Blatt für Freie evangelische Gemeinden und Gemeinschaften, (Die Untertitel änderten sich im Laufe der Zeit) Verlag der Buchhandlung der Stadtmission Witten, (später Bundes-Verlag Witten), Jahrgänge 1893 bis 1953

Diakonissenhaus Bethanien, Aufruf! Angesichts der gegenwärtigen großen Bedrängnis unseres geliebten Volkes und Vaterlandes, in Der Gärtner, 23. Jhrg. Nr. 33, 16. August 1914, hinter S. 263

Diakonissenmutterhaus ,Bethanien' Solingen-Aufderhöhe, 50 Jahre Bethanien-Dienst 1896-1946, Ein Tagwerk für den Heiland, Jubiläumsfestschrift. Der Schwesternschaft wie den Freunden der Anstalt zugeeignet von der Leitung des Mutterhauses: W. Paulerberg, Prediger. o.J., Bethanien-Archiv

(Diakonie-Verein Werk Bethanien), Hauptbuch mit Buchungen vom 01.01.1906 bis 30.06.1913. Bethanien-Archiv

(Diakonie-Verein ,Bethanien',) Journal angefangen am 10. Sept. 1920 beendet 31. Aug. 1922, Bethanien-Archiv

(Diakonie-Verein Bethanien) Satzungen des Diakonie Vereins Bethanien zu Wetter a.d. Ruhr begründet am 19.04.1897, handschriftliche Abschrift. Bethanien-Archiv.

(Diakonie-Verein Bethanien) Satzungen des Diaconie-Vereins Bethanien zu Wetter a. d. Ruhr vom 09.09.1900. Handschriftlich im Bethanien-Archiv

Diakonie-Verein ‚Bethanien' e.V., Solingen, 75 Jahre Diakonisches Werk Bethanien Solingen-Aufderhöhe, Diakonie Verein Bethanien e.V., 565 Solingen 11 (Aufderhöhe), o.J., Bethanien-Archiv

Diakonisches Werk Bethanien e.V., leben helfen, 1896-1996: 100 Jahre Bethanien, Festschrift zum 100. Jahrestag des Diakonischen Werks Bethanien/hrsg. von Otto Imhof, Solingen 1996

Diakonisches Werk Bethanien e.V., DVD „Diakonisches Werk Bethanien – heilen – helfen – fördern" o.J.

Die Hyperinflation von 1923; http://www.planet wissen.de/geschichte/ deutsche_ geschichte/weimarer republik/pwiediehyperinflationvon [Zugriff 17.06.2017]

Elberfelder Bibel von 1905, www.bibel-online.net/ buch/elberfelder_1905/

FeG Deutschland, Frauen in der Gemeindeleitung, Juni 2000, www.feg.de/fileadmin/user_upload/Presse/FeG-Text_2000_ Gemeindeleitung.pdf; [Zugriff 07.06.2016]

Freie evangelische Gemeinde Wetter, FeG Wetter, Gemeinde gestern und heute. Jubiläumsausgabe des Gemeindebriefes / Juni/Juli 2016, 125 Jahre Freie evangelische Gemeinde Wetter 1891-2016

Frickhöfer, Manfred, Die Rhein-Sieg-Eisenbahn (Bröltalbahn), Karlsruhe, Juli 1979

Gemeindeordnung der Freien evangelischen Gemeinde, Verabschiedet durch die BL am 3./4.12.2011, in Witten, https://www.feg. de/ fileadmin/migrated/content_uploads/Gemeindeordnung_ 2011 .pdf, [Zugriff 22.04.2017]

Gemeinde-Psalter, Einstimmige Ausgabe, 25.-30. Tausend, Gedruckt beim Bundes-Verlag, Witten, o.J., Darin Lieder Nr. 292, 420, 696, 710 von Robert Kaiser

Henry Grattan Guinness; https.//en.wikipedia.org/wiki/Henry_Grattan_Guinness, [Zugriff 16.04.2017]

Hörsting, Ansgar, Bewegt von Gottes Liebe bauen wir lebendige Gemeinden, FeG Deutschland, Typisch FeG, www.feg.de/index. php?id=7 [Zugriff 08.06.2017]

Hülsmann, Sr. Sibille und 5 weitere an Geehrter Herr Millard, Brief vom 8. Jan. 1900; Bethanien-Archiv, Ordner Diakonie-Verein Bethanien

F.W. Kaiser [Soldatenkaiser; H.R.], Der Gärtner, 50. Jhrg., Nr. 3/4, 20.07.1947, S. 28

Kaiser, Friedrich, Brief an Friedrich Fries vom 14.11.1886; in Weyel, Hartmut, Robert Kaiser (1862 – 1936), Prediger und Diakonissenvater, Zum 70. Geburtstag. Typoskript o.O. und Datum

Kaiser, Otto, His Story, First Edition July 2001, Printed in the United States of America. Diese Erinnerungen von Robert Kaisers Neffen Otto enthalten Stammbäume der ab 1923 nach USA ausgewanderten Familienmitglieder und viele Bilder

Kaiser, Robert, Aus der Not geboren, Bericht vom 08.09.1930. Autor und Datum ergeben sich aus dem Text. Bethanien-Archiv, Ordner „Die Anfänge – eine Erinnerung" von Robert Kaiser

Kaiser, Robert, Brief an Lieber Bruder Millard vom 19.12.1913; Bethanien-Archiv, Ordner Diakonissen Verein Bethanien.

Kaiser, Robert, Fürs Album des deutschen Michel, maschinenschriftlich vom 05.02.1935. Zitiert nach Weyel, Hartmut, Wirke, solange es Tag ist, Robert Kaiser (1862-1936) – Pastor und Diakonissenvater, in Zukunft braucht Herkunft, Bd II, S.155

Kaiser, Robert, Ist unser Ideal die biblische Diakonisse oder die moderne Krankenschwester? Der Gärtner, 21. Jhrg., Nr. 29, 20. Juli 1913, S. 228/229

Kaiser, Robert, Pilgerklänge, Gelegenheits-Lieder und –Gedichte, Wetter 1926

Kaiser, Robert, Rückblick auf das schwere Jahr 1923, in Kaiser, Robert, Pilgerklänge, S. 51/52 und Der Gärtner, 32. Jhrg., Nr. 2., 13. Januar 1924, S. 29/30

Kaiser, Robert, Schicksal, Vorsehung, Gott, in Der Gärtner, 42. Jhrg., Nr. 34, 26.08.1934, S. 674/675

Kaiser, Robert, Zeitspiegel, in Der Gärtner, 3. Jhrg., Nr. 32, 27.12.1925, S. 831; auch in Pilgerklänge, S. 49

Kaiser, Robert, Zeitbetrachtung, in Der Gärtner, 40. Jhrg., Nr. 27, 3. Juli 1932, S. 424-427

Kaiser, Robert, Zeitbetrachtung, in Der Gärtner, 41. Jhrg., Nr. 44., 25.10.1933, S.872/873

Kaiser Robert, 10. Jahresbericht des Diakonissen-Vereins Bethanien in Wetter a. d. Ruhr, in Der Gärtner, 16. Jhrg.,

Nr. 6, 10.02.1907, S. 45/46, Nr.7, 17.02.1907, S. 52/53; Nr. 8, 24.02.1907, S. 62

Kayser, Johanne, Familie Kayser, Bilder und Gestalten aus dem Leben einer deutschen Familie, herausgegeben von Johanne Kayser, Oskar Günther Verlag, Dresden, o.J.

Lemke, W., Brief vom 15.04.1915 an Sehr geehrter Herr Inspektor [=Robert Kaiser; H.R.] über den Tod von Hermann Kaiser. Der Gärtner, 24. Jhrg., Nr. 18, S. 142

Millard, J., Brief an Liebe Schwester Hannah, Wesel, 9. Jan 1900. Bethanien-Archiv, Ordner Diakonie Verein Bethanien

Nachrichten aus dem Diakonissenhause Bethanien zu Wetter a. d. Ruhr, 1. Jhrg., Nr. 1, 1. Sept. 1897; Bethanien-Archiv, Ordner Satzungen

Nagel, G., Einiges über den Unterhalt der Verkündiger des Evangeliums, Der Gärtner, 7. Jhrg., Nr. 16, 16. April 1899, S. 123/124

Neukirchener Mission, Auszüge aus Personalakten von Friedrich Fries und Robert Kaiser. Zur Verfügung gestellt von Frau Schultheiß

N.N., vermutlich Friedrich Fries, am 15. Juli 1910 an ,Mein lieber Bruder Millard'. Bethanien-Archiv, Ordner ,Diakonie Verein Bethanien'

N.N. (möglicherweise J. Millard), ohne Titel, Ort und Datum, (Rede-?) Typoskript, S. 6; Bethanien-Archiv

N.N., Bericht an Dr. Weinstock vom 06.05.1926; Bethanien-Archiv, Ordner Diakonie-Verein Bethanien

N.N., Brief ohne Absenderangabe (aus Kontext Vorstand und Verwaltungsrat des Diakonie-Vereins Bethanien) an Herrn Inspektor Wilhelm Paulerberg vom 21. Januar 1948; Bethanien-Archiv, Ordner Diakonie-Verein Bethanien.

N.N., Diakonissenlied, Nachrichten aus dem Diakonissenhaus Bethanien zu Wetter a.d. Ruhr, 1. Jhrg., 1. September 1897, Titelblatt, Bethanien-Archiv

N.N., Predigende Frauen, dreiteilige Artikelfolge in Der Gärtner, 8, Jhrg., Nr. 39, 30. Sept. 1900, S. 306, Nr. 40, 7. Okt. 1900, S. 314 und Nr. 41, 14. Okt. 1900, S. 322

N.N., Über das öffentliche Predigen von Frauen (nach einem Referate des + Br. H. Neviandt), Der Gärtner, 15. Jhrg., Nr. 38, 23. September 1906, S. 300

Ordnungen des Diakonie-Vereins Bethanien in Wetter a. d. Ruhr, 1901, Buchdruckerei der Stadtmission in Witten, Bethanien-Archiv, Ordner Schulentlassungszeugnisse

Orphanages, www.illustratedpast.com/england/ orphanages.html [Zugriff 29.01.2018]

Paas, Karl, Brief vom 04.12.1913 an Lieber Bruder Kaiser; Bethanien-Archiv, Ordner Diakonie Verein Bethanien

Schriftleitergesetz. Vom 4. Oktober 1933. Reichgesetzblatt, Teil 1, 1933, Nr. 111

Schwedes, Ernst, Zur Geschichte des Diakonischen Werkes Bethanien e.V. in: leben helfen, 1896 – 1996, 100 Jahre Bethanien, Festschrift zum 100. Jahrestag des Diakonischen Werkes Bethanien, hrsg. von Otto Imhof, Solingen 1996

St., F., Der Frauen Platz, in Der Gärtner, 20. Jhrg., 1912, Nr. 46, 13.11.1912, S. 361

Thomas John Barnardo; https://en.wikipedia.org/wiki/ Thomas_John_Barnardo [Zugriff 29.01.2018]

Ulrich, M., Es reut mich nicht! In Der Gärtner, 33. Jhrg., Nr. 39, 27.09.1925, S. 627/628

Vom Waschball zur Margarine, Stadtmagazin Witten, www.stadtmag.de/cms/witten/ausgabe-103-seite-6.html [Zugriff 23.05.2017]

Vortrag in der Freien ev. Gemeinde Lüdenscheid, Börsenstr. am 14. Mai 2017 ("Tag der FeG-Geschichte" und Verleihung des Neviandt-Preises an Dr. Wolfgang Dietrich, Unna): "Erweckung und Erbauung" - zur "Sauerländischen Erweckungsbewegung" in Beispielen aus dem Gebiet des heutigen Märkischen Kreises im Zeitraum von 1745 bis 1900; http://www.pastoerchen.de/Erweckung MK/ [Zugriff 09.01.2018]

Waisen- und Missionsanstalt in Neukirchen Kr. Moers, Personalblatt 187 von Robert Kaiser

Werner, Elisabeth, Aus den Erinnerungen von Schwester Elisabeth Werner, Typoskript, das lt. Text 1936 aus Anlass des 40. Jubiläums entstand. Bethanien-Archiv, Ordner „Die Anfänge – eine Erinnerung"

Weyel, Hartmut, Aber der Anfang war gemacht – Friedrich Fries (1856-1926) Evangelist, Buchhändler, Schriftleiter, in: Weyel, Hartmut, Zukunft braucht Herkunft, Lebendige Porträts aus der Geschichte und Vorgeschichte der

Freien evangelischen Gemeinden, Bundes-Verlag, Witten, 2010, Bd II, S. 87-99

Weyel, Hartmut, Anspruch braucht Widerspruch – Die Freien evangelischen Gemeinden vor und im ‚Dritten Reich‘, SCM Bundesverlag, Witten, 2016

Weyel Hartmut, Auf der Kanzel wie ein Löwe, drunter wie ein Lamm, Carl Bender (1838–1912), Brüdervereinsbote, Bundespfleger, Gemeindepastor, Textdichter, in Zukunft braucht Herkunft, Lebendige Porträts aus der Geschichte und Vorgeschichte der Freien evangelischen Gemeinden, Bundes-Verlag Witten, 2. Aufl. 2013, Bd. I, S. 287-308

Weyel, Hartmut, Nach den Linien der Schrift seinem Gewissen gefolgt, Wilhelm Hoevel (1833 – 1916), Geschäftsmann, Allianzmann, Bundesvorsteher, in Weyel, Hartmut, Zukunft braucht Herkunft, Lebendige Porträts aus der Geschichte und Vorgeschichte der Freien evangelischen Gemeinden, Bd. I, Bundes-Verlag Witten, 2. Aufl. 2013, S. 253-269

Weyel, Hartmut, Der Sonntagsschulkaiser, Friedrich Kaiser (1863-1955) Reiseprediger, Lehrer, Publizist, in Hartmut Weyel, Zukunft braucht Herkunft, Bundes-Verlag Witten, 2011, Bd. III, S. 117-140

Weyel, Hartmut, Robert Kaiser (1862-1936), Prediger und Diakonissenvater – Zum 70. Todestag, Typoskript o.O. und Datum

Weyel, Hartmut, Wirkt, solange es Tag ist, Robert Kaiser, Pastor und Diakonissenvater (1862–1936), in Weyel, Hartmut, Zukunft braucht Herkunft, Lebendige Porträts aus der Geschichte und Vorgeschichte der Freien evangelischen Gemeinden, , Bundes Verlag Witten, 2010, Bd. II S. 146-158

Wöhrle, Wilhelm, Briefkasten des Schriftleiters, Der Gärtner, 50. Jhrg., Nr. 1/2, 06.07.1947, S. 19

Zeugnis von Hanna Hoevel vom „Diakonie-Seminar der Städt. Kranken-Anstalten zu Elberfeld" vom 20. Mai 1898, Bethanien-Archiv, Ordner Schulentlassungszeugnisse

Zeugnisformular des Oberlin-Seminars zur Ausbildung evangelischer Kleinkinder-Lehrerinnen zu Nowawes; Bethanien-Archiv, Ordner Schulentlassungszeugnisse

Anhang: Robert Kaiser, Pilgerklänge

Robert Kaiser gab 1926 unter dem Titel Pilgerklänge selbst verfasste ‚Gelegenheits-Lieder und -Gedichte' heraus. Sie sind in diesem Anhang wieder abgedruckt.

Die ursprüngliche Rechtschreibung wurde beibehalten, obwohl sie heute veraltet ist. Dagegen wurde die alte Schrift wegen besserer Lesbarkeit durch eine heute gebräuchliche und größere ersetzt. Daraus ergibt sich eine höhere Seitenzahl.

Damit erkennbar bleibt, wo die einzelnen Titel im Original beginnen, sind ihnen die entsprechenden Seitenzahlen in Klammern angefügt.

Das rudimentäre Inhaltsverzeichnis der Original-Ausgabe wurde für diesen Nachdruck komplettiert und enthält nun alle Titel. Es befindet sich, wie im Original, am Ende des Dokuments.

Pilgerklänge

Gelegenheits-Lieder und -Gedichte

Von Robert Kaiser

Inspektor der Diakonissen-Anstalt ‚Bethanien'

in Wetter-Ruhr

1926

Im Selbstverlage des Verfassers

Mit größerer aktueller Schrift und mit
komplettiertem Inhaltsverzeichnis versehen
im Februar 2018 von Hermann Röhm, Köln

Vorwort. (S. 3)

Was der Herr mir reichte dar
in der Reihe vieler Jahre,
wenn ein Fest zu feiern war,
wenn ich stand an einer Bahre,
wenn ich taufte, wenn ich traute,
wenn ich dankbar rückwärts schaute
auf vergangne schwere Zeit,
wenn im Glanz der Morgenröte
meine Seele heimwärts schwebte,
wenn die Not der Zeit mich packte
oder der Humor mich zwackte,
wenn im Glanz der Weihnachtskerzen
höher schlugen unsre Herzen
und an Gottes guten Gaben
wir uns durften weidlich laben,
wenn in heilig ernster Stunde
Schwestern saßen in der Runde,
die es galt nun einzuführen
und das Feuer neu zu schüren,
das durch Gottes Geist entzündet,
Liebe mit der Tat verkündet,
Liebe, die an Kranken, Armen
übet göttliches Erbarmen, –
und in manchen andern Fällen,
wo das Herz wollt überquellen
und mich ließ zu Strophen formen
– nach der Dichtkunst festen Normen –
meine Wünsche, meine Nöte

meine Seufzer und Gebete,
meine Bitten, meinen Dank
und was sonst im Herzen klang –
das – wie wenig es mag sagen –
möchte ich nicht unterschlagen,
sondern Freunden und Bekannten,
die, gleich mir, im Kampfe standen,
ganz bescheiden weitergeben,
daß es sie im Glaubensleben
möge stärken und erfreuen,
unserm Herrn, dem ewig treuen,
immer fester zu vertrauen,
bis wir ihn anbetend schauen.

Der Verfasser.

Anbetung. (S. 5)

Mel.: Großer Gott, wir loben dich.

Morgenglanz der Ewigkeit,
Lichtesfülle sondergleichen,
brich durch alle Dunkelheit,
daß des Zweifels Nebel weichen;
strahle hell mir ins Gesicht,
machs in meinem Herzen licht!

Laß mich fühlen deine Näh',
Schönster über allen Sternen!
Als ob ich dein Antlitz säh',
Jesus! Über Weltenfernen
eilt der Glaube schon voraus
In das ew'ge Vaterhaus.

Schönster Jesus! Laß mich bald
In den Wolken sehn dein Zeichen,
dass im Herzen widerhallt
Freudenjubel ohnegleichen!
Dich zu grüßen, dies allein
Mir kann Lust und Wonne sein!

Anbetung. (S. 5)

Mel.: Lobe den Herren, den mächtigen König der Ehren.

Teuerster Heiland, du Opfer für aller Welt Sünden,
läßt mir durch deinen Tod völlige Freiheit verkünden,
trägst meine Schuld,
setzest bei Gott mich in Huld!
All meine Sorgen verschwinden.

Leben und Seligkeit brachtest hervor aus dem Grabe,
du, mein Erlöser, des Vaters unschätzbare Gabe.
Leben und Licht,
Freiheit von Tod und Gericht
ward mir zur köstlichen Habe.

Dir soll gehören mein Leben, mein Wollen und Denken!
Was ich noch lebe hienieden, das wollest du lenken
nach deinem Sinn.
Weil ich dein Eigentum bin,
will ich in dich mich versenken.

Hilf mir, oh Vater, dem schwachen unmündigen Kinde
daß ich dein Vaterherz besser und tiefer ergründe.
Führ mich hinein,
laß mich zuhause da sein,
wo ich zur Seligkeit finde.

Mag dann da draußen die Welt und ihr Wesen auch toben,
will ich ohn' Ende dich preisen, anbeten und loben.
Du sollst allein
Ziel meiner Sehnsucht nur sein,
bis ich dich schaue da droben.

Zu Offenbarung 3, 20. (S. 6)

Mel.: Herz und Herz vereint zusammen.

Laß den Heiland nicht vergebens
Klopfend stehn vor deiner Tür!
Tu ihm auf, dem Fürst des Lebens,
daß er kehre ein bei dir,
sonst wirst du verschlossen finden,
dermaleinst den Himmelsaal
und mit allen deinen Sünden
fahren in die ew'ge Qual!

Jesus kommt, mit dir zu halten –
du mit ihm – das Abendmahl,
will dich in sein Bild gestalten
nach des Vaters Gnadenwahl!
Sollst mit ihm nach Kampf und Leiden
teilen seine Herrlichkeit!
Sollst genießen heilge Freuden,
selig sein in Ewigkeit!

Wie er selbst als Überwinder
sitzt an seines Vaters Thron,
sollst auch du als Überwinder
mit ihm selbst, dem Gottessohn,
auf dem Ehrenthrone sitzen,
mitregieren einst im Licht
sollst du wie die Sonne blitzen,
schauen Gottes Angesicht!

Einladung zu Jesu. (S. 7)

Mel.: Lobe den Herren, den mächtigen König der Ehren.

Dunkel umhüllet die Erde, mit Sünden beladen
seufzen wir Menschen und irren auf schlüpfrigen Pfaden,
bis daß wir gern folgen dem leuchtenden Stern,
der einst die Weisen geladen

zu dem Herrn Jesus, der für uns als Retter erschienen;
der als der Größte uns allen als Retter wollt dienen,
als er sich gab willig in Krippe und Grab,
um uns mit Gott zu versühnen.

Eile drum jeder, der Frieden und Ruhe begehret
für seine Seele, die Sünde und Schuld noch beschweret,
zu dem der spricht: Komm, ich verstoße dich nicht,
den mir mein Vater bescheret.

Solche Verheißung, wer wollte nicht gläubig sie fassen?
Wer wollte zögern, von Jesus sich lieben zu lassen?
Wer will die Hand, die nach ihm suchte – ihn fand,
heute nicht liebend umfassen?

Seele, ich bitte dich, laß nicht vergeblich dich laden!
Jesus, nur Jesus, heilt deinen verzweifelten Schaden,
den dir gebracht Sünde und Satanas Macht;
er ist der Gott aller Gnaden.

Festlied. (S.8)

Mel.: Der du in Todesnächten.

Des Herzens Harfen stimme
zum frohen Lobgesang!
Erhebe Geist und Sinne,
zu bringen Preis und Dank
dir unserm Herrn und König,
der wunderbar regiert,
und der uns heute fröhlich
allhier zusammenführt!

Vor deinem Angesichte
stehn wir und warten dein!
Laß deines Geistes Lichte
durchfluten unsre Reih'n,
damit in unsrer Seele
Dein Wort die Gotteskraft,
dem Glauben sich vermähle,
der Gottes Werke schafft!

Zum Reden, Beten, Hören
laß Gnade mit uns sein,
und wenn der Feind will stören,
laß uns geborgen sein
in deines Namens Feste,
die kein Geschoß durchdringt,
wo dir die Schar der Gäste
ein Halleluja singt!

Damit an deinem Wesen,
im Glaubensblick auf dich,
wir immer mehr genesen,

durchström uns mächtiglich;
aus deiner Gottesfülle,
die unerschöpflich ist,
all unsern Mangel stille,
du Heiland, Jesus Christ!

Festlied. (S. 9)

Mel.: *Halleluja*, Gott zu loben.

Dank sei dir aus aller Herzen,
treuster Jesu, dargebracht,
der du unter Todesschmerzen
uns vom Tod erlöset hast,
zu verkünden deinen Ruhm
als dein Erb und Eigentum.

Lebensworte laß uns hören,
salbe uns mit deinem Geist!
Laß nichts die Gemeinschaft stören,
wenn du selbst uns nehmen heißt
aus der Fülle deiner Gnad'
Speise für den Lebenspfad!

Lehr uns, wie Maria, stille
lauschen deinem Wort allein!
Unser Denken, unser Wille
laß dir ganz ergeben sein!
Sei uns, Jesus, fühlbar nah!
Halleluja, du bist da!

Jubiläum. (S. 10)

Mel.: Der du in Todesnächten.

Zum Jubelfest erflehen
wir deine Gegenwart.
Wir möchten vor dir stehen,
um so, nach Kindesart,
in Einfalt dir zu schauen
ins Herze tief hinein,
dir ganz uns anvertrauen
und in dir selig sein.

So komm denn, Herr, begegne
uns allen, groß und klein!
Ein jedes Herze segne
mit deiner Gnade Schein!
Laß alles in uns schweigen,
wenn dein Wort zu uns spricht!
Gib dich uns ganz zu eigen,
sei unser Trost und Licht!

Bind fester uns zusammen
mit deiner Liebe Band!
Entzünde heilge Flammen,
setz unser Herz in Brand
durch deine heiße Liebe,
mit der du uns geliebt,
die sich aus freiem Triebe
für uns zum Opfer gibt!

Jubiläum. (S. 11)

Mel.: Herz und Herz vereint zusammen.

Eben-Ezer, Preis und Ehre
bringen wir mit Herz und Mund
dir, dem Gott der Himmelsheere,
der uns bis zu dieser Stund
treu, wie er es selbst versprochen,
hat geholfen wunderbar,
der niemals sein Wort gebrochen
diese fünfundzwanzig Jahr!

Hilf uns ferner, bis wir schauen,
Herr, dein heilges Angesicht!
Hilf uns, fest auf dich zu bauen,
bis das Aug im Tode bricht!
Hilf uns, treulich hauszuhalten
mit dem Gnadenpfunde hier!
Hilf uns Jungen, hilf uns Alten,
bis wir ruhen, Herr, bei dir!

Diakonissen-Jahresfest. (S.12)

Mel.: Der du in Todesnächten.

Auf, auf zum Jubelliede,
es jauchze Herz und Mund
dir, Jesus, der mein Friede
und meiner Freude Grund!
Der du mich Gott erkaufet
mit deinem Herzensblut

und mich hineingetaufet
in deines Geistes Flut!

Nimm hin mich und erfülle
mein Herz mit heilger Lust!
Mach mich in dir ganz stille,
und laß an deiner Brust
mich in des Dienstes Mühen
stets finden süße Ruh
und mit dir fröhlich ziehen
dem Vaterhause zu!

In Kranken, Schwachen, Armen
lehr, Jesus, dich mich sehn!
Gib mir, Herr, dein Erbarmen,
um denen beizustehn,
die an des Todes Pforte,
die an des Grabes Rand
bedürfen Lebensworte
und einer linden Hand!

Vor Satans Macht und Schlingen
bewahr in Gnaden mich!
Hilf mir das Werk vollbringen
im Glaubensblick auf dich!
Und wenn mein Tag am Ende;
mein Lebenswerk getan,
dann reichst du mir die Hände,
nimmst mich in Ehren an!

Dienstweihe. (S. 13)

(Völlige Übergabe.)

Mel.: Lobe den Herren, den mächtigen König der Ehren.

Dir, meinem Heiland, nur möchte fortan ich gehören!
Du sollst mich allezeit führen und leiten und lehren!
Nimm ganz mich hin!
Sei du allein mein Gewinn!
Laß nie die Welt mich betören!

Naht der Versucher, mit List meinen Sinn zu berücken,
hilf mir, im Glauben auf dich, meinen Heiland, zu blicken!
Halt du mich fest,
wenn alles andre mich läßt!
Laß mich dein Lieben beglücken.

Bis ich dich schaue am Throne der Herrlichkeit droben,
wo, mein Erlöser, unzählige Scharen dich loben:
Hilf, daß ich treu
dir, meinem Bräutigam, sei
auch in den härtesten Proben!

Völlige Übergabe. (S. 14)

Mel.: Herz und Herz vereint zusammen.

Segne aus dem Heiligtume
deine teu'r erkaufte Schar.
Mach zu deines Namens Ruhme
uns dein Heil neu offenbar.
Gib uns, Herr, aus deinem Herzen
deiner Liebe Überfluß,

tilge alle Erdenschmerzen,
laß uns hören deinen Gruß!

Dir allein sei unser Leben,
unser Lob nur dir geweiht,
unser Wille dir ergeben
bis in alle Ewigkeit,
Wollen nimmer von dir lassen
auf des Lebens dunkler Bahn,
bis wir einst im Tod erblassen,
bis wir stehn in Kanaan!

Bis wir in der Sel'gen Reihen
an dem großen Abendmahl
uns mit allen Heil'gen freuen
in des Lammes Hochzeitssaal,
wo das Halleluja schallet
unserm König, Jesus Christ,
jedes Herze überwallet,
das durch ihn erlöset ist.

Schwesterneinsegnung. (S. 15)

Mel.: Wachet auf, ruft uns die Stimme.

Jesus, deine heil'gen Hände,
die lege uns aufs Haupt und spende
aus deiner Fülle Überfluß
uns die reichen Gnadengaben,
die wir zum Dienen nötig haben,
daß niemals strauchle unser Fuß!
Im Dunkel wie im Licht

sei unsere Zuversicht!
Du, sonst keiner!
Laß allezeit, in Freud und Leid,
zu treuem Dienst uns sein bereit!

Leibeskraft und Geistesstärke
reich du uns dar zu jedem Werke
im Dienste der Barmherzigkeit!
Segne uns auf allen Wegen,
und laß uns sein für die ein Segen,
in denen du für uns bereit
ein Werk gestellet hast!
Hilf tragen jede Last,
die uns drücket!
Nimm Tag und Nacht uns treu in acht,
bis unser Tagewerk vollbracht!

Was im Lauf uns will aufhalten,
laß deine Hand so umgestalten,
daß es zum Besten uns gereich!
Laß den Liebesdienst auf Erden
für uns die Zubereitung werden
Zum sel'gen Eingang in dein Reich!
Mach uns ganz still in dir!
Und laß uns für und für
an dir hangen!
Sei unser Lohn, du Gottessohn,
wenn wir vereint um deinen Thron!

Predigereinführung. (S. 16)

Mel.: O was ist das für Herrlichkeit.

Aus Zion segne dich der Herr
mit seinem reinen Segen,
und lasse dir je mehr und mehr
aus seinem Allvermögen
zuströmen seine Gotteskraft,
zu üben treue Pilgerschaft
im heilgen Dienst am Worte!

Gott lege seine Segenshand
aufs Haupt dir und verleihe
dir seines Geistes Unterpfand,
zum heilgen Dienst die Weihe,
damit dein Zeugnis klar und rein
dring in der Sünder Herzen ein
und viele selig werden!

Der Same, den in Freud und Leid
du streuest aus mit Wonne,
bring Frucht für Zeit und Ewigkeit
im Strahl der Gnadensonne,
damit am großen Erntetag
von denen keines fehlen mag,
um die du hier gerungen!

Wie dich in der Vergangenheit
Gott gnädig hat erhalten,
so woll er in der Folgezeit
mit seiner Gnade walten
ob dir und allen, die sich gern

versammeln um das Wort des Herrn
und mit nach Zion wallen!

So heißen wir willkommen heut
dich gern in unsrer Mitte!
Gott gebe dir viel Freudigkeit
und lenke deine Schritte,
bis wir nach Arbeit, Müh und Streit
am Thron des Herrn der Herrlichkeit
das Halleluja singen!

Predigereinführung. (S. 17)

Zum Dienst am Wort und zum Gebet
gib, Jesu, höchste Majestät,
dem Bruder, der an deiner Statt
die Botschaft zu verkünden hat:
„Laßt euch mit Gott versöhnen!"
viel Glaubensmut und Freudigkeit,
daß er in dieser Gnadenzeit
noch viele Seelen, die verirrt,
zu dir, dem guten Hirten führt,
dem unvergleichlich Schönen.

Zum Dienst am Wort und zum Gebet
gib, Jesus, höchste Majestät,
dem Bruder, der in der Gemein'
fortan soll Hirt und Lehrer sein,
dich selbst, das Brot des Lebens,
zu teilen deinen Kindern aus,
in der Gemeinde heilgem Haus,

daß jeder wachse und gedeih
und für dich Herr ein Zeugnis sei,
du höchstes Ziel des Strebens!

Gemeinsam mit der Deinen Schar
laß wachsen ihn von Jahr zu Jahr
an dir, dem Haupt, Herr Jesu Christ!
Sei allezeit ihm, was du bist:
des Herzens Lust und Wonne!
Leg ihm aufs Haupt, Herr, deine Hand
und segne ihn in seinem Stand!
Am guten wie am bösen Tag,
in Freuden, Leiden, Ungemach
sei selbst ihm Schild und Sonne!

Bewahre ihn nach Leib und Seel,
allmächtiger Immanuel!
Erleuchte ihn durch deinen Geist,
daß er im Dienst sich treu erweist
und ihm kein Feind kann schaden!
Geh selber mit ihm aus und ein,
und segne durch ihn groß und klein,
daß, wenn er einst sein Ziel erreicht,
dem Baum an Wasserbächen gleicht,
mit Früchten reich beladen!

Heidenmission. (S. 19)

Ach, wär mein Geist doch groß genug,
die ganze Schöpfung zu umfassen!
Ach, könnt ich doch im Seraphsflug

durcheilen all die Völkermassen,
die noch nicht wissen, was geschah
in Bethlehem – auf Golgatha,
die noch nicht kennen Jesus Christ,
der aller Menschen Heiland ist!

Erzählen wollte ich so gern
den Heiden, die noch fern dem Lichte,
von Jesus Christus, meinem Herrn,
der für mich stand einst im Gerichte,
der aus des Todes kalter Nacht,
das Leben hat hervorgebracht,
der Friede, Freude, Seligkeit
für alle Menschen hat bereit!

Doch da – obschon ich stand bereit –
mich Gott nicht zu den Heiden führte,
will ich ermuntern jederzeit
die Lieben, deren Herz Gott rührte;
und also auch an meinem Teil
mitwirken an der Heiden Heil,
indem ich denen mache Mut,
die jetzt noch sind ein junges Blut!

Zieht nur hinaus, das Feld ist weiß!
Es gilt, die Ernte einzubringen,
um die wir sahn im blutgen Schweiß
den Heiland mit der Hölle ringen,
als ihn erfaßt des Todes Weh
so furchtbar in Gethsemane!
Wer wollte da noch müßig stehn,
wenn er befiehlt hinauszugehn!

Doch den der Herr nicht führt ins Feld,
nicht rufet zu den armen Heiden,
der spende willig Gut und Geld
und helfe so für Jesus streiten
im großen Werk der Mission,
damit auch er am Gnadenlohn
mithabe, den der König gibt
dem, der ihn mit der Tat geliebt.

Doch nicht nur die im Felde stehn,
und die, die Gaben reichlich spenden,
will Jesus an der Arbeit sehn,
daß sie allein das Werk vollenden;
nein, jeder Christ, der Jesus liebt
und für ihn gern das Beste gibt,
soll um der Heiden Seelen ringen
und reichlich Dankesopfer bringen.

So soll das Werk der Mission
von der Gemeinde kleinen Scharen
geschehn, bis jede Nation,
bis alle Welt es hat erfahren,
was einst zu ihrem Heil geschah
in Bethlehem – auf Golgatha,
bis alle kennen Jesus Christ,
der aller Menschen Heiland ist.

Geburtstag. (S. 21)

Zum Geburtstag einge Worte:
An des neuen Jahres Pforte

wünsche ich dir reichen Segen
auf der Wallfahrt steilen Wegen,
die durch Finsternis und Licht
sind zum ewgen Ziel gericht't!

Alle Tag', die dir beschieden,
lebe glücklich, sei zufrieden!
Jesus Christ, die Lebenssonne,
füll dein Herz mit Lust und Wonne!
Er, die größte Gottesgabe,
sei dein Alles bis zum Grabe!

Laß dich deinen Heiland lieben,
der im Himmel angeschrieben
deinen Namen! Der gegeben
für dich hat sein Blut und Leben!
Liebe ihn mit heilgem Feuer,
der dich hat erkauft so teuer!

Geburtstag. (S. 21)

Auf, lasset uns ein Loblied singen
dem Herrn, der diesen Tag dir schenkt!
Ihm wollen wir Anbetung bringen,
der freundlich deinen Weg gelenkt,
der dich gesegnet und bewahrt
auf der bisher'gen Pilgerfahrt.

Gott sei die Ehre von uns allen
aus tiefstem Herzen dargebracht,
daß er nach seinem Wohlgefallen
und seiner Gnade Wundermacht

dich dieses frohe Jubelfest
in unserm Kreise feiern läßt!

Er hat dich in den vielen Jahren,
die du bisher zurückgelegt,
in Freuden, Leiden und Gefahren
mit seiner Engel Schutz umhegt;
er hat, nach seinem Liebesrat,
gesegnet deinen Pilgerpfad.

O segne, Gott, aus deiner Fülle
uns alle, die mitfeiern heut!
Mach unsere Herzen in dir stille
und fülle sie mit heilger Freud!
Laß deines Wortes Wunderkraft
uns geben neuen Lebenssaft.

Damit wir in der Zukunft Tagen,
die deine Huld uns noch verleiht,
dir nach das Kreuz mit Freuden tragen,
bis wir nach dieser Pilgerzeit
dir bringen mit der sel'gen Schar
das ewge Halleluja dar!

Hochzeit. (S. 23)

Mel.: Nun ruhen alle Wälder.

Wie einst zu Kana, laden
wir dich, Herr aller Gnaden,
zur Hochzeitsfeier ein.
Tritt ein in unsre Mitte,

erhöre Dank und Bitte:
Schenk uns des Segens Becher ein!

Dein Wort, die Seelenspeise
für unsre Pilgerreise,
teil aus mit milder Hand!
Dem Brautpaar, das wir trauen,
gib Gnad, auf dich zu schauen
jetzt und im fernern Ehestand!

Und uns, die wir als Gäste
am schönen Hochzeitsfeste
vor dir versammelt sind,
laß spüren deine Nähe,
als ob das Aug dich sähe,
laß spüren deines Geistes Wind!

Laß alles in uns schweigen
und vor dir, Herr, sich beugen
in Demut unser Herz!
Und laß an deinem Wesen
uns immer mehr genesen
von allem Welt- und Sündenschmerz!

Hochzeit. (S. 24)

(Nach der Trauung.)

Mel.: Ach bleib mit deiner Gnade.

Ihr reichet euch die Hände
zum Bund, den Gott geweiht,

und wollt bis an das Ende
euch geben treu Geleit.

In Liebe seid verbunden
ihr durch das Wort des Herrn,
der euch zu allen Stunden
will segnen herzlich gern!

So zieht getrost und fröhlich
des Glaubens sichre Bahn,
in Jesu Liebe selig
zum obern Kanaan.

In allen Lebenslagen,
in Freuden, wie im Schmerz,
will Gott euch heben, tragen
und ziehen an sein Herz.

Da sollt ihr ruhn im Leiden,
im Glück geborgen sein!
bis zu des Himmels Freuden
euch zieht der Heiland ein!

Taufe. (S. 25)

(Nach Römer 6, 3-4.)

Mel.: Vom Himmel hoch da komm ich her.

Du Lebensfürst Immanuel,
gehorsam deinem Taufbefehl
wir senken in das Wassergrab
die ein, die dir der Vater gab.

Doch wie du, Herr, nach kurzer Frist
einst aus dem Grab erstanden bist
und aus des Todes kalter Nacht
das Leben hast hervorgebracht,

so stiegen aus dem Wasser auf
zu einem neuen Lebenslauf
die Seelen, die im Glauben sich
mit dir verbunden inniglich.

Hilf ihnen, auf der schmalen Bahn
zu wandeln fröhlich himmelan!
Laß allezeit sie treu und gern
dir dienen, ihrem guten Herrn!

Nimm sie an deine starke Hand
und führe sie durch Mesechsland!
Laß niemals straucheln sie im Lauf,
bis du sie nimmst in Salem auf!

An der Bahre unserer Lieben. (S. 26)

(Abschied aus dem Sterbehause.)

Mel.: Dein Wort, o Herr, ist milder Tau.

Dein Weg, o Gott, ist Heiligkeit
mit allen, die du liebest,
die du in dieser Gnadenzeit
in Not und Trübsal übest,
damit sie treu, vom Weltsinn frei,
dir willig sich ergeben
und deiner Gnade leben.

Wir beten an im Staube dich,
der du uns hart geschlagen,
und flehn: Herr, hilf uns gnädiglich,
das Leiden würdig tragen,
das uns gesandt die heilge Hand,
die uns will zubereiten
im Leid für Himmelsfreuden.

So ziehn wir denn hinaus zur Gruft,
zu sä'n in Gottes Erde
den Leib, den einstens wiederruft
der große Hirt der Herde
wenn er erscheint, mit sich vereint,
die ihm zum ew'gen Leben
der Vater hat gegeben!

Und uns, die wir im Pilgerkleid
noch wall'n im Tal der Tränen,
bereite für die Ewigkeit!
Gib uns ein heilges Sehnen,
zu schauen dich, der ewiglich
der Seinen Licht und Sonne
und aller Selgen Wonne!

An der Bahre unserer Lieben. (S. 27)

(Abschied aus dem Sterbehause.)

Mel.: Ach bleib mit deiner Gnade.

So zieh denn hin in Frieden;
es rief der der Meister dir!

Dir ward das Los beschieden,
auf das noch warten wir.

Aus dieser Welt der Leiden,
aus Sünd und Todesnacht
hat dich zu ewgen Freuden
dein Heiland heimgebracht

Aus Erdennot und Schmerzen
gingst du ins Vaterhaus!
An Jesu heilgem Herzen
ruhst du nun selig aus.

Wir sehn dir nach und flehen:
Herr, mach auch uns bereit,
daß wir uns wiedersehen
am Thron der Herrlichkeit!

Weihnachten. (S. 27)

Mel.: Herz und Herz vereint zusammen.

Laßt uns alle fröhlich singen,
laut erheben unsern Gott!
Ehre und Anbetung bringen,
ihm, Jehova, Zebaoth!
Seinen Sohn, den eingebornen,
sandte er vom Himmel her,
um zu retten die Verlornen,
uns, das große Sünderheer!

Gern will uns der Vater lieben
und von Sünden waschen rein!

Uns in seiner Liebe üben,
soll uns Lust und Wonne sein!
Kommet her mit Jubelschalle,
Menschenkinder, groß und klein!
Seht, wie er gedacht an alle!
Alle sollen glücklich sein!

An den schönen Weihnachtsgaben
woll'n wir uns von Herzen freun,
uns an seiner Liebe laben –
ja, das heißt man selig sein!
Ist der Weg zuweilen dunkel,
unser Herz oft sorgenschwer –
in der Christnacht Lichtgefunkel
woll'n wir fröhlich sein wie er,

der sich nach vollbrachtem Werke
hat gesetzt auf seinen Thron,
der der Schwachen Kraft und Stärke,
der der Seinen Schild und Lohn!
Der am Ende unsrer Tage
sicher führt ins Vaterhaus,
wo nach Erdennot und Plage,
ruhen Gottes Kinder aus.

Weihnachten. (S. 29)

Mel.: Kommt, erhebt die Herzen.

Weihnacht kehret wieder!
Weihnacht ist schon da!
Jesus kam hernieder,

ist uns allen nah!
Will mit Liebesgaben
unser Herz erfreun,
doch ihn selber haben,
das heißt selig sein!

Segnen und erretten
ist ja seine Lust.
Brich des Zweifels Ketten,
komm an seine Brust!
In den Heilandsarmen,
die dir offen sind,
sollst du auch erwarmen,
liebes Menschenkind!

Schließ ihm auf die Türe,
laß ihn ein sogleich,
daß er treu dich führe
in sein Königreich,
wo als Überwinder
sind um seinen Thron
alle Gotteskinder,
seiner Liebe Lohn!

Weihnachten. (S. 30)

Wiederum erstrahlet
hell der Weisen Stern,
der in Menschenherzen
Freude weckt so gern!
Komm, du müder Pilger,

fasse neuen Mut!
Jesus ist erschienen,
der macht alles gut.

Arm um unsertwillen
wurde er mit Lust,
um mit Glück zu füllen
jedes Menschen Brust.
Gerne hat getragen
still das Gotteslamm
alle unsre Sünden
an des Kreuzes Stamm.

Blutge Tränen weinte
er um dich und mich,
und in heißer Liebe
rufet er zu sich
alle, die mühselig
und beladen sind.
Sünder, komm und werde
heut ein Gotteskind!

Warum willst du weilen
bei den Träbern noch,
und dich knechten lassen
von der Sünde Joch?
Längst ist ausgegangen
ja der Vater schon,
liebend zu empfangen
den verlornen Sohn!

Alles ist bereitet:
Jesus hat's vollbracht

auf dem Marterhügel,
was dich selig macht.
Drum laß dich erbitten!
Schlag das Glück nicht aus,
welches deiner wartet
in des Vaters Haus!

Weihnachten. (S. 31)

Kommt, wir wollen gehen
zu der Davidsstadt,
gleich den Hirten sehen,
was verkündigt hat
Gott durch Engelschöre
vom Herrn Jesus Christ,
der – oh Seele, höre! –
heut geboren ist

Komm, laß dich nicht halten
von der argen Welt!
Laß dich umgestalten
so, wie's Gott gefällt!
Komm, und werde fröhlich!
Komm, und werde reich!
Jesus macht dich selig,
ihm ist keiner gleich.

Unter allen Großen
ist er groß allein;
alles überstrahlet
seines Lichtes Schein.

Ihm, der Kön'ge König,
ihm, dem Herrn der Herrn,
werde unterthänig,
folge treu und gern!

Folg ihm nach durchs Leben,
laß nicht seine Spur,
so wird er dir geben
Gnad um Gnade nur.
Freude, Licht und Leben,
ewgen Sonnenschein
will dir Jesus geben,
drum laß heut ihn ein!

Weihnachten. (S. 32)

Mel.: Herz und Herz vereint zusammen.

Halleluja laßt erschallen
aus des Herzens tiefstem Grund!
Sagt es jedem, sagt es allen
auf dem weiten Erdenrund,
daß der Heiland ist gekommen
zu uns aus des Vaters Schoß,
Fleisch und Blut hat angenommen,
um zu teilen unser Los!

Rufet mit Posaunenstimme
diese Botschaft in die Welt!
Trotz des Satans Wut und Grimme
Jesus siegt, der starke Held,
der vom Himmel kam hernieder,

als des Vaters Ebenbild;
auf den Thron sich setzte nieder,
als sein Auftrag war erfüllt.

Rufet allen, die noch ferne:
Kommt herein in Gottes Reich!
Dient ihm fröhlich, dient ihm gerne,
werdet weder matt noch weich!
Laßt euch nicht vom Satan rauben
diese kurze Gnadenzeit!
Wachet, betet, haltet Glauben,
lebt nur für die Ewigkeit!

Wunderbar wird einst beglücken
Jesus seiner Diener Schar,
wenn er sie der Welt entrücken,
stellen wird dem Vater dar,
der mit selgem Wohlgefallen
und in heißer Liebe Glut
läßt auf goldnen Straßen wallen,
die erkauft durch Jesu Blut.

Weihnachten. (S. 34)

Mel.: Herz und Herz vereint zusammen.

Laßt die schönsten Jubellieder
schall'n empor zu Gottes Thron,
der gesandt zu uns hernieder
seinen eingebornen Sohn.
Preiset laut des Herrn Erbarmen,
der in Sünd- und Todesnacht

uns, den unbeschreiblich Armen,
Licht und Leben hat gebracht.

Werdet wieder jung ihr Alten,
mit den Jungen jauchzet laut!
Jesus will in euch gestalten
seine auserkorne Braut,
will euch laben, will euch lieben,
wie nur er zu lieben weiß,
der von heilger Glut getrieben,
Blut und Leben zahlt als Preis.

Hebt zum Schwur empor die Hände,
ihm auf ewig euch zu weihn.
Laßt bis an der Wallfahrt Ende
ihn die einz'ge Freude sein!
O wie herrlich wird's erklingen,
wenn als König er erscheint!
Ewig werden wir mitsingen,
um des Lammes Thron vereint!

Weihnachten. (S. 35)

Das gottselige Geheimnis. (1. Tim. 3, 16.)

Mel.: Großer Gott wir loben dich.

O Geheimnis, kündlich groß:
Gott im Fleische ist erschienen!
Zu uns, aus des Vaters Schoß,
kam der Sohn, dem Engel dienen!
Kehrt in einem Stalle ein,
als ein Kindlein, schwach und klein!

O Geheimnis, kündlich groß:
wer kann je dich ganz ergründen!
Jesus nimmt des Sünders Los,
wird ein Opfer für die Sünden,
daß durch ihn nun jedermann
ewig selig werden kann!

Daß in ihm „Gerechtigkeit
Gottes" würden wir, die Sünder,
hat Gott als erfüllt die Zeit,
seinen Sohn „gemacht zur Sünde",
Ihm, dem Sünde nicht bewußt,
ward für uns durchbohrt die Brust!

Kommt drum alle, die ihr seid
arm, mühselig und beladen!
Jesus ist's, der uns befreit,
der da heilt den ganzen Schaden,
den die Sünde hat gebracht,
die zu Sklaven uns gemacht!

Jesus will uns machen frei!
Jesus will uns innig lieben!
Jesus bleibet ewig treu
allen, die sich ihm verschrieben!
Darum kommt zu ihm sogleich,
werdet glücklich, werdet reich!

Ostern. (S. 36)

Mel.: Halleluja, Gott zu loben.

Jesus, Heiland, guter Hirte,
der du an des Kreuzes Stamm
für Verlorne, für Verirrte
wurdest selbst zum Opferlamm;
trugst die Sündenlast der Welt,
gabst dein Blut als Lösegeld!

Dir sei Dank für dein Erbarmen,
das dich trieb in Todesnacht,
wo für uns, die ärmsten Armen,
du das große Werk vollbracht!
Nimm uns, Jesus, nimm uns hin,
sei du einzig uns Gewinn!

Alles, was wir sind und haben,
dir gehört es ja allein!
Dir, dem Geber aller Gaben,
wollen wirs zum Opfer weihn,
weil du teuer uns erkauft
und mit deinem Geist getauft!

Löse uns von allen Banden,
mach uns frei, zum Dienst bereit,
bis wir nach der Arbeit landen
in der selgen Ewigkeit,
wo dir die erlöste Schar
bringt ein ewges Loblied dar.

Pfingsten. (S. 37)

Mel.: Herz und Herz vereint zusammen.

Geist der Weisheit, himmlisch milde,
komm, durchwehe Herz und Sinn!
Richte, ordne, lehre, bilde,
bis ich ganz gestaltet bin
in das Bild des eingebornen
Sohnes Gottes, Jesus Christ,
der für mich, für den Verlornen,
einst am Kreuz gestorben ist

Geist der Weisheit, komm, erfülle
all mein Denken, Reden, Tun,
daß mein Wünschen und mein Wille
mög in Gottes Willen ruhn!
Sei mein Rat am Scheidewege,
leuchte mir in dunkler Nacht!
Auf der Wahrheit schmalem Stege
gib auf meine Schritte acht!

Gott der Weisheit, mach mich tüchtig
für den Dienst in deinem Reich!
Was in deinen Augen wichtig,
laß mich tun, o Herr, sogleich!
Daß ich niemals möge säumen,
wenn dein Wille ruft zur Tat.
Laß mich nicht die Zeit verträumen,
wenn dein Werk, Herr, Eile hat.

Jesus Christ, der du vom Vater
mir zur Weisheit bist gemacht,
sei mein Führer und Berater,

bis mein Tagewerk vollbracht,
bis ich nach der Wallfahrt Mühen
darf zur Ruhe Gottes gehen,
wo die Lebensbäume blühen,
wo ich soll dein Antlitz sehn!

Sylvestergedanken. (S. 38)

Die Tage fliehn und tauchen nieder
im Meere der Vergangenheit;
der Zukunft Schoß gebiert sie wieder
als neu geschenkte Gnadenzeit.
Das Jahr, soeben erst begonnen,
pfeilschnell entschwindet's unserm Blick
und nimmt, was Menschengeist ersonnen
als Erdenfreud und Zukunftsglück.

Es fallen hin mit jedem Tage
Vieltausende, des Todes Raub.
Aus jedem Alter, jeder Lage
gibt's einen Weg zurück zum Staub.
Zum Staub, aus dem der Leib gebildet
von Gottes starker Meisterhand;
zum Staube, der uns stets verkündet,
wie nah wir sind der Erd verwandt.

Es treibt dahin der Strom der Zeiten
von Osten her dem Westen zu.
Die Menschen unaufhaltsam schreiten
hin zu des Grabes kühler Ruh.
Doch nicht das Grab ist Ziel des Strebens,
ist nicht der Hoffnung lichter Stern, –

wem's Grab nur winkt, der lebt vergebens,
der bleibt der wahren Ruhe fern.

Nur wer den einen hat gefunden,
der einst als Sieger Grab und Tod
in seinem Tode überwunden,
dem macht das Scheiden keine Not;
im Glauben hält er fest umschlossen
den Auferstandnen, Jesus Christ,
des Blut auf Golgatha geflossen,
der nun sein ewger Friede ist.

Hast du dies Leben schon ergriffen?
Ist Jesus deiner Hoffnung Stern?
Dann sollst du eifrig sein beflissen,
zu dienen diesem guten Herrn.
Dann laß für ihn dein Herz erglühen,
verkünde seine Liebe laut,
bis er dich nach der Wallfahrt Mühen
begrüßt als seine selge Braut.

Sylvester. (S. 40)

Mel.: Der du in Todesnächten.

Noch einmal sind beisammen
wir an des Jahres Schluß
und flehn zu dir, Gott Amen:
Herr laß uns deinen Fuß
in unsrer Mitte spüren!
Durchwandle unsre Reihn,

laß deinen Geist uns führen
tief in dein Wort hinein!

Laß alles in uns schweigen,
was die Gemeinschaft stört;
laß jedes Herz sich neigen
vor dir, dem es gehört!
Hast du uns doch erkaufet
mit deinem teuren Blut,
mit deinem Geist getaufet
zu deinem Erb und Gut!

Entzünde unsre Herzen
mit deiner Liebe Flamm',
du Mann der Todesschmerzen,
du heilges Gotteslamm,
daß jedes Herz erfülle,
Herr, deiner Liebe Glut,
und unser ganzer Wille
in deinem Willen ruht!

Zum Jahreswechsel. (S. 41)

Mel.: Herz und Herz vereint zusammen.

Komm mit deinen Friedensgrüßen,
Jesus, kehre bei uns ein!
Laß uns sitzen dir zu Füßen
und von dir gesegnet sein!
Teile selbst das Brot des Lebens
aus an deiner Kinder Schar!

Laß uns hören nicht vergebens,
Herr, dein Wort im neuen Jahr!

Laß in unsrer Mitte wehen
mächtig deinen Gottesgeist!
Hilf uns allen recht verstehen,
was dein teures Wort uns heißt!
Stärke unsren schwachen Glauben
und belebe unsern Mut!
Gib uns Einfalt gleich den Tauben,
fache an der Liebe Glut!

Mach uns willig, dir zu geben
unsre Kraft und unsre Zeit!
Hilf uns, Herr, für dich zu leben,
dir zu folgen allezeit,
bis wir einst als Überwinder
stehn vor deinem Gnadenthron,
und mit allen Gotteskindern
preisen dich, o Gottessohn!

Zum Jahreswechsel. (S. 42)

Vorwärts geht im Weltgeschehen
alles seinem Ziele zu:
Menschen kommen, Menschen gehen
ohne Rast und ohne Ruh.

Jeder will auf seine Weise
helfen der zerfallnen Welt,
redet laut und redet leise,
wie's der Menge wohlgefällt.

Aber dabei gehn wir täglich
abwärts auf der schiefen Bahn,
und am Ende – ach wie kläglich –
muß zerstieben all der Wahn!

Laßt uns deshalb ernstlich fragen
nach dem sichern Felsengrund,
der uns sonder Furcht und Zagen
trägt, auch noch in letzter Stund,

der die Schar der Gotteskinder,
frei von aller Erdenqual,
bringt zur Schar der Überwinder,
zu dem großen Abendmahl.

O wie mahnt in letzter Stunde
des nunmehr verfloss'nen Jahr'
heilges Wort aus Gottes Munde:
Sei, o Seele, sei doch wahr!

Laß dich nicht am Gängelbande
einer trügerischen Welt
führen hin in Schmach und Schande,
wie's dem bösen Feind gefällt!

Eile zu dem Fürst des Lebens,
birg dich an des Heilands Brust,
sonst ist all dein Tun vergebens. –
Jesus nur gibt Ruh und Lust.

Lust, wie sie die Jugend suchet,
Lust, wie sie das Alter braucht,
Lust, die niemand je verfluchet,
Lust, die's Herz in Wonne taucht.

Laß dich doch nicht länger halten
von dem schnöden Erdenland;
Jesus will dich umgestalten;
gib ihm gläubig heut die Hand.

Eile hin zum Lebensbronnen!
Flieh aus Sodom, zaudre nicht,
bis die Gnadenzeit verronnen
und hereinbricht das Gericht!

Zwei Wege. (S. 43)

Zwei Wege sind's, die ziehen sich durch das Erdental,
doch einer nur ist sicher und dieser Weg ist schmal.
Willst, Seele, du ihn finden, so geht nach Golgatha
und siehe, was am Kreuze für Sünder dort geschah.

Erfasse den im Glauben, der für dich litt und starb,
der dir das ewge Leben durch seinen Tod erwarb.
Er ist Weg, Wahrheit, Leben und führt dich in die Stadt,
die Gott der Herr gegründet und auferbauet hat.

Will Satan dich betören mit schnöder Sündenlust,
laß Gottes Wort dich lehren und eil an Jesu Brust.
Da findest du den Frieden, den heiß dein Herz begehrt,
und süße, selge Ruhe, die niemals wird gestört.

Wahrheit – Irrtum. (S. 44)

Wahrheit macht frei; Irrtum bezaubert.
Drum dringe ein in Jesum Christ,
der in Person die Wahrheit ist;

der dich von aller Zauberei,
von Sünd und Irrtum machet frei;
der heller als der Sonne Licht
dir strahlt in Herz und Angesicht,
bis in dir alles überwunden,
was dich bezaubert und gebunden.

Wahrheit macht frei, Irrtum bezaubert.
Drum meine nicht, Begeisterung
bedeute immer Besserung!
Sehr oft ist sie das Gegenteil
und richtet Unheil an statt Heil.
Besonders wenn sie fromm erscheint,
mit Fanatismus sich vereint,
ist von der Hölle sie entzündet
und mit dem Satan selbst verbündet.

Wahrheit macht frei; Irrtum bezaubert.
Drum hüte dich und glaube nicht
dem, der fanatisch zu dir spricht!
Ein solcher ist im Zauberbann
und steckt gar leicht auch andre an!
Und wenn du bist erst angesteckt
und mit dem Irrtum dich befleckt,
dann irrt gar bald auch dein Gewissen
und wirst vom Irrtum fortgerissen.

Wahrheit macht frei; Irrtum bezaubert.
Drum halte dich vom Irrtum frei,
in welcherlei Gestalt er sei!
Rel'giöser Irrtum sonderlich
gar bald und schlimm bezaubert dich,
daß du den klaren Blick verlierst

und wieder andere verführst;
bis du in deines Irrtums Banden
verdirbst und gänzlich wirst zuschanden

Wahrheit macht frei; Irrtum bezaubert.
Drum halte fest die starke Hand
des Jesus, der einst überwand
den Erzbetrüger, der die Macht
des Irrtums in die Welt gebracht,
als er in einer Schlange gar
das gutgeschaffne Menschenpaar
so ganz entsetzlich hat belogen –
die Menschheit um ihr Glück betrogen!

Deutschland im Gericht. (S. 46)

Graue Trübsalswogen rauschten durch das Land,
schwarze Wolken zogen, wo man ging und stand.
Thronen stürzten nieder mit gewalt'gem Krach.
Was noch treu und bieder, gab dem Umsturz nach.
Kot und Unflat schäumte aus dem Völkermeer,
das sich wild aufbäumte, gleich des Satans Heer.
Aller Ordnung Bande rissen jäh entzwei;
und im deutschen Lande war die Zeit vorbei,
wo auf Treu und Glauben reichten sich die Hand
ohne Falsch, wie Tauben, vormals Stadt und Land.
O, da gab's zu dulden Leiden ohne Zahl!
Schulden über Schulden machten große Qual!
Ja, die Zeit war böse, ist es immer noch.
„Großer Gott, erlöse uns vom Trübsalsjoch!"
flehten wir und harrten ängstlich Tag um Tag!

Doch es galt zu warten, es fiel Schlag auf Schlag
auf die steifen Nacken, die sich nicht gebeugt,
die, gleich harten Schlacken, blieben unerweicht!
Statt der Beugung – Trotzen dem lebend'gen Gott,
eigensinn'ges Protzen, Lästerung und Spott.
Billig muß man fragen: Wo will's denn hinaus?
Ist umsonst das Schlagen? Bleibt die Wirkung aus?
Nein, vergeblich waren ganz die Schläge nicht:
Gotteskinder scharen sich in dem Gericht
um den Herrn und weihen ihm sich treu und gern,
schließen fest die Reihen, folgen ihrem Stern,
der in Leidensnächten leuchtet hell und klar
allen Gottesknechten, bis in selger Schar
an dem Thron der Ehren alle sind vereint
nach dem Kampf, dem schweren, wo das Lamm dann scheint
statt des Lichts der Sonne, statt des Mondes Schein:
Jesus, unsre Wonne! O, was wird das sein!

Mein deutsches Volk. (S. 47)

Mein deutsches Volk, du Volk so reich an Gaben,
wer hat gebracht dich an des Abgrunds Rand?
Wer hat's vermocht, dir's Wasser abzugraben?
Wer hat gebaut dein Haus auf losen Sand?

Gott gab dir Männer, stark im Glauben, Lieben,
bekannte sich zu deiner Mission.
Wie konnte doch dein hoher Ruhm zerstieben,
du eisenfeste, starke Nation?

Du hast verlassen deines Glückes Quelle,
ließ'st führen dich von Menschen ohne Gott
und ohne Hoffnung , bis daß ganz zerschelle
den stolzes Schiff, du wardst der Völker Spott.

Und sitzest nun in tiefer Schmach und Schande,
geknechtet von der Sünde hart und schwer.
Statt edler Freiheit ward dir Fessel, Bande,
die du nun schleppest arm und freudeleer.

Kein Freund blieb dir, seitdem du schnöd verlassen
den besten Freund, der in dem Himmel ist.
Du gehst dahin und trägst der Völker Hassen,
weil du dich abgewandt von Jesu Christ.

Auf Hülfe hast gewartet du schon lange,
vergeblich schautest du nach Rettung aus.
Derweilen schloß sich fester stets die Zange,
der Dränger rückte dir ins eigne Haus.

Was willst du nun beginnen, dich zu lösen
aus Sklaverei und Schande, hart und schwer?
Willst weiter du verharren noch im Bösen,
das dir gebracht der Leiden zahllos Heer?

Willst weiter du verhärten Herz und Sinne
und weiter gehn in deines Irrsals Nacht,
bis alle Hoffnung völlig dir zerrinne,
bis ganz du bist in deiner Feinde Macht?

O laß dir raten, armes Volk, und kehre,
verloren wie du bist, zurück zu deinem Gott.
Bekenn ihm deine große Schuld und ehre,
ihn gerne durch Gehorsam, laß die Not,

in der du steckst, dir sein ein Liebeszeichen
zu dem, der selbst die heilge Liebe ist.
Nur so kannst du dem Untergang entfliehen,
drum eil zu ihm, so elend wie du bist.

Auf Gottes Seite steh nur fest im Glauben,
und bald wird dämpfen Gott der Feinde Macht,
die höhnend dir das Brot vom Munde rauben,
dich treiben hin in der Verzweiflung Nacht.

Zum Nachdenken. (S. 48)

Wer in der Welt sich rar gemacht,
der hat's schon ziemlich weit gebracht.
Wer allenthalben übrig ist,
hat wenig Wert als Mensch und Christ.

Zeitspiegel. (S. 49)

Das Volk, das will belogen sein,
die Wahrheit will es nicht;
und wer es seift gehörig ein,
gilt ihm als großes Licht!

Wer noch ein klares Urteil sich
zu bilden ist gewillt,
den läßt das blinde Volk im Stich,
wenn es zu wählen gilt.

Dagegen setzt es dreist sich ein
für den, der viel verspricht;

ist's auch nur eitel Trug und Schein,
dem jeder Grund gebricht.

Wer leere Worte mit Geschick
dem Volk zu sagen weiß,
dem fällt es zu, ist hochentzückt
und zahlt ihm jeden Preis.

Wer aber schlichte Wahrheit spricht
und zeigt die Wirklichkeit,
dem spuckt es frech ins Angesicht
ob solcher Scheußlichkeit.

Wie's war zu Jeremias Zeit,
so ist es heute noch:
Wer Friede, Friede, Friede schreit,
den läßt man leben hoch!

Doch den, der Sünde Sünde heißt
und Gottes Strafen droht,
man gern in eine Grube schmeißt
und wünscht, er wäre tot.

Zur Präsidentenwahl. (S. 50)

Könnt ich malen deutsche Wahlen,
würd ich pinseln, wie sie winseln,
wie sie freien, die Parteien,
um der Wähler hohe Gunst.

Alle möchten, daß sie brächten
ihren Fritze an die Spitze,

Reparierten kranke Schlösser,
machten wunde Schuhe heil,
flickten Töpfe, schliffen Messer,
keiner hatte Langeweil.
Wie's der flinken Jugend eigen,
haben sie mit Fleiß geschafft,
um an ihrem Teil zu zeigen,
was vermag der Jugend Kraft.

So hat uns auf Wunderwegen
Gott versorgt, so gut, so reich!
Überschüttet uns mit Segen:
Großer Gott, wer ist dir gleich?
Du bist herrlich, hocherhaben,
du, der Gott, der Wunder tut.
Dank sei dir für deine Gaben!
Ja, fürwahr, wir haben's gut!

Rückblick auf das Jahr 1925. (S. 53)

Aufgerührte Völkermassen
schäumen Sünd und Schande aus!
Geisterspuk und Gotteshassen
wandern frech von Haus zu Haus.
Aus des Abgrunds Nachtgefilden
steiget ein Dämonenheer,
das durch seinen Tanz, den wilden,
schrecklich haust im Völkermeer.

Erde, Wasser, Luft und Feuer
sind entfesselt, wutentbrannt

253

toben sie ganz ungeheuer
und verderben Stadt und Land.
Rastlos tobt der Krieg auf Erden
weiter trotz des Völkerbund.
Ewger Friede sollte werden;
aber wie sieht's aus zur Stund?

In dem großen Reich der Mitten
wütet wild der Bruderkrieg.
In Marokko wird gestritten
heiß um den ersehnten Sieg.
Und in Syrien verbleichen
Drusen und Franzosen viel;
keiner kann den Sieg erreichen,
den er sich gesetzt zum Ziel.

Wohin wir das Auge wenden,
starrt Trostlosigkeit uns an.
Jeder fragt: Wie will das enden,
wohin führt der Menschheit Wahn?
Daß uns Katastrophen drohen,
fühlt und ahnet jedermann,
der nicht zählet zu den Rohen,
die ganz in des Teufels Bann.

Wohin soll ich mich denn wenden,
um in Ruh und Sicherheit
meinen Lauf hier zu vollenden,
zu entgehen all dem Streit,
der hienieden aller Orten
wütet und Verderben droht
und bis an der Hölle Pforte
schaffet tausendfache Not?

Nur zu Jesus kann ich weisen
den, der durch die Not der Zeit
möchte frei und sicher reisen
zu der nahen Ewigkeit!
Jesus hat den Sieg errungen,
den ihm niemand streitig macht;
der im Himmel wird besungen,
seit er rief: Es ist vollbracht!

Als er in das Reich der Toten
stieg hinab, der Gottes-Held;
als er durch die Osterboten
ließ verkünden aller Welt
frohe Botschaft, Heil und Leben
durch die vorerwählte Schar
der Apostel, die ergeben
ihm ihr Leben ganz und gar.

Diese Botschaft dringt noch heute
liebewarm und ernst zugleich
dir ins Herz, bringt wahre Freude
und verbürgt das Himmelreich
allen, die sie gläubig nehmen
(und in ihr ihn selber) auf,
und sich nicht des Heilands schämen,
der sie teuer hat erkauft.

Möchte drum zum Schluß beschwören
jeden, der sich selber liebt:
Laß dich nicht die Welt betören,
die gar schlechten Lohn dir gibt!
Fliehe aus der Stadt Verderben;
eile zu dem Schmerzensmann,

der dich macht zum Himmelserben,
der dich nimmt in Gnaden an!

Alle Tage, die beschieden
dir noch sind im Pilgerlauf,
sollst genießen Gottesfrieden,
bis dich nimmt in Salem auf
Jesus, der als König thronet
in der ewgen Gottesstadt,
wo mit Herrlichkeit er lohnet,
den, der ihm gedienet hat.

Die Zeit. (S. 55)

O Zeit, du schrecklich Ungeheuer,
wie grausam frißt du selbst dich auf!
Ob du bist wohlfeil oder teuer:
Kein Mensch kann hemmen deinen Lauf!

Ohn Unterlaß entflieht das Leben,
das dieser Erde Licht erblickt;
weil ihm nur eine Zeit gegeben,
die in Sekunden sich zerstückt,

von denen jeder Pulsschlag eine
zurückgibt der Vergangenheit,
bis plötzlich eine schwache, kleine
uns stellt ins Tor der Ewigkeit.

Da gibt's denn nicht mehr Zeit und Stunde,
die Uhr hat keinen Zeiger mehr,
da wandern nicht mehr in der Runde
die Tage hinter Nächten her.

Tag wird es sein für alle Kinder
des Lichtes, die sich Gott geweiht,
und Nacht für alle frechen Sünder,
die hier versäumt die Gnadenzeit.

Die Zeit – so flüchtig und so nichtig –
Ist also unbeschreiblich wert;
und ihr Gebrauch unendlich wichtig
für jeden, dem sie wird beschert.

In Zeit gehüllt ist unser Leben;
ja unser Leben selbst ist Zeit.
Wer Zeit vertreibt, die ihm gegeben,
vertreibt sein Leben mit der Zeit.

Die Zeit ist Geld, gar viele sagen
und sind mit Fleiß darauf bedacht,
dem schnöden Mammon nachzujagen,
bis Reichtum sie zuhauf gebracht,

und dann zu ihrer Seele sagen:
Nun iß und trink, hab gute Ruh;
das Feld hat überreich getragen,
du darfst genießen immerzu.

Doch wie nennt Jesus solche Leute?
Er nennt sie Narren allzumal,
die nur am Reichtum haben Freude
und reisen für die ewge Qual.

Doch was soll ich noch weiter sagen
von der so wunderbaren Zeit,
die rasch verfliegt in Freudentagen,
in Leid uns deucht 'ne Ewigkeit?

Nur eines laßt mich noch betonen,
bevor ich schließe meinen Reim:
Der Vater wird den reich belohnen,
der als verlorner Sohn kommt heim,

der nicht beim Träbertrog verharret,
bis es zur Rückkehr ist zu spät,
der seine Buße nicht versparet
und ohne Gnad verloren geht.

Der seine Zeit, die kurze Spanne,
benutzet, wozu Gott sie gibt,
und eilet zu dem Schmerzensmanne,
der sich für uns zu Tod geliebt;

der alle Tage seines Lebens
dem lebt, der für ihn litt und starb,
der lebt wahrhaftig nicht vergebens,
weil ewges Leben er erwarb.

Ewigkeit. (S. 57)

Du armes Volk! Wie öd bist du geworden, seitdem du ließest
rauben dir deine Ewigkeit! Ich sag absichtlich *deine,* denn sie,
die Ewigkeit, ist der Besitz, der allem Zeitlich-Irdischen erst
Zweck und Wert verleiht. Wer sie nun nicht mehr hat, mit ihr
nicht rechnen kann, ist unter allen Menschen am übelsten
daran: Ist sie es doch allein, die unserm Pilgerleben kann Ziel
und Inhalt geben.

Wer sie also nicht hat und nicht mehr haben will, der hat kein
wirklich Heim, ist flüchtig, unstät auf der ganzen Erde, die
ziellos er durchquert, bis er, nach kurzer Wanderschaft be-

graben oder gar im Krematorium verbrannt, ein Häuflein
grauer Asche werde. Wer eine Ewigkeit nicht hat, der hat in
Wirklichkeit auch keine Zeit.

So ist's nun auch mit allen Zeitgenüssen, mit allem, was der
Mensch mit vieler Müh' und großer Not erstrebet und erreicht: Es ist damit allezeit vorbei, wenn ihm – sei's frühe
oder spät – der Tod, der König aller Schrecken, mit eisig kal-
tem Hauch die ros'ge Wange bleicht.

Vorbei! Was sage ich? Vorbei? Jawohl, vorbei ist dann dies
Leben mit allem, was es in sich schloß. Jedoch die Ewigkeit,
die leichthin man sich rauben ließ, ist keineswegs vorbei!
Trotz allem eitlen Selbstbetrug und Sich-betrügen-lassen ist
sie doch da, ist eine harte Wirklichkeit, und zwar für alle, die
ohne Gott und ohne selges Hoffen der Tod entführet hat der
Zeit.

Denn so, wie jener reiche Mann, von dem der Mund der
Wahrheit uns berichtet, nach seinem Sterben und Begraben-
sein sich in des Hades Gluten wiederfand, wird jeder sich im
Jenseits wiederfinden, wenn er verlassen diese Erdenwelt,
wie sehr er auch aus seinem Denken hat die Ewigkeit und
das Gericht verbannt, und wird – dann allerdings zu spät –
erkennen müssen, daß er sich hat der Zeit und nicht der
Ewigkeit berauben lassen.

Die Zeit, die er nach Gottes Gnadenwillen sollte nützen für
sein und anderer Heil, sie ist dahin; er ließ sie schnöd im
Sündendienst zerrinnen, sie brachte nur Verlust ihm, nicht
Gewinn.

„Ich leide Pein in dieser Flamme", so ruft der reiche Tor nach
einem feuchten Finger nur, daß er ihm kühlen möge seiner

schlaffen Zunge fürchterlichen Brand. Und wie er ruft, so rufen alle Toren, die in der Gnadenzeit die Ewigkeit, den Himmel und die Hölle frech verkannt.

Um Menschenkinder, die der Ewigkeit beraubt und doch unfehlbar ihr entgegeneilen, zu warnen vor dem Schreckenslos, das ihrer harrt, ob dem mir für sie graut, hab ich geschrieben diese schlichten Zeilen, und bitte herzlich alle diese Armen: Kehrt doch zurück, habt mit euch selbst Erbarmen! Erobert wieder, was man euch geraubt: Die Ewigkeit, euch selbst und eure Zeit, was jedem möglich ist, der kindlich glaubt.

Hoffnung. (S. 59)

Solang es Menschen gibt auf Erden,
durchzieht die Hoffnung ihre Brust:
Es muß doch anders – besser werden,
des ist ein jeder sich bewußt.
Der eine schaut nach Reichtum – Ehre,
der andre nach Gesundheit aus;
und alle möchten, daß einkehre
der Liebe Glück in Herz und Haus.

Doch dieses Glück wird ganz verschieden
gedacht – je nach des Herzens Stand.
Gar mancher denkt, er sei zufrieden
mit Haus und Hof und Ackerland,
auf dem er redlich sich will plagen,
um für sich selbst, für Weib und Kind
den Unterhalt herauszuschlagen,
damit sie gut versorget sind.

Sie haben alle ihre Ziele
und streben vorwärts Tag für Tag
und mahlen auf des Glückes Mühle,
bis sie sind alt, gebeugt und schwach.
Soviel sie aber auch erlangen
an Schätzen dieser Welt und Zeit,
sie hören drum nicht auf zu bangen
vor dem, was bringt die Ewigkeit.

Denn jeder weiß, es gilt zu scheiden
von allem, was er hier erreicht:
Von Erdengütern, Erdenfreuden,
wenn ihm der Tod die Wange bleicht,
wenn seines Leibs entseelte Hülle,
gebettet in den engen Schrein,
man senken wird in aller Stille
ins kühle, dunkle Grab hinein.

Ist damit aus mein Existieren?
Ist damit aufgelöst mein Ich?
Werd ich mich ganz im Nichts verlieren,
wenn man ins Grab versenket mich?
Das ist die Frage, die sich reget
bei allen, die von hinnen gehn,
eh' man ins Grab sie niederleget,
die Frage: Wohin werd ich gehn?

Je nach der Antwort, die gefunden
der Mensch auf diese Frage nun,
wird er in seinen letzten Stunden
sich fürchten – oder selig ruhn.
Es fürchtet sich, wer ohne Glauben
an Jesus geht aus dieser Welt,

weil ihm der Tod wird alles rauben,
was für begehrenswert er hält.

Dagegen darf im Frieden scheiden,
der aus der Welt, der Jesum Christ
gesucht, statt eitler Erdenfreuden,
und nun mit Gott versöhnet ist.
Erlöst durch Christi Opferleiden
beschließt er seinen Pilgerstand,
um einzugehn mit Dank und Freuden
ins ewge wahre Vaterland.

Bist du, mein Lieber, auch geborgen?
Ist Jesus deiner Hoffnung Grund?
Kannst du, wenn heute oder morgen
dir schlägt die ernste Abschiedsstund,
getrost und froh die Welt verlassen,
um einzugehn in jene Stadt
mit Perlentoren, goldnen Gassen,
die Jesum Christ zur Leuchte hat?

Zu Offenbarung 4, 11. (S. 62)

Der Wille, der die Schöpfung trägt,
und der das ganze All bewegt:
der heilge Gotteswille,
der allem Sein zugrunde liegt,
dem sich das Heer der Himmel fügt,
die ungezählte Fülle
all der Wesen, die erlesen, daß sie preisen
Gott in immer neuen Weisen.

Der Wille sei mein Lobgesang,
und bleibe es mein Leben lang,
bis ich am Ziele stehe,
wo ich im hehren Himmelslicht,
das mir hienieden noch gebricht,
die Wunderwerke sehe,
die zum Ziele führten viele Menschenkinder,
zu der Zahl der Überwinder.

Der Wille, der des Sünders Tod
nicht will, der führt aus aller Not,
die sich zu Gott bekehren!
Der Leben, Glück und Seligkeit
für alle reichlich hat bereit,
die Jesus gläubig ehren,
die ergeben ihm ihr Leben und mit Freuden
unter seinem Stabe weiden!

Der Wille, der die Heilgung will
der Gotteskinder, die sich still
dem guten Hirt ergeben,
der an dem blutgen Kreuzesstamm
als unbeflecktes Opferlamm
hingab sein Blut und Leben!
Die ihm trauen, auf ihn schauen, bis sie droben
ihn mit neuen Zungen loben!

Dem Willen geb ich ganz mich hin,
weil ich durch ihn erlöset bin!
Im Leiden und in Freuden
sei er mir heilig allezeit,
damit ich stetig sei bereit,
von allem gern zu scheiden,

das hienieden stört den Frieden und mich trennet
von dir, Herr, der sein mich nennet!

Es lohnet sich – es lohnt sich nicht. (S. 64)

Es lohnet sich, ein Christ zu sein:
zu diesem Schluß bin ich gekommen;
drum lad ich alle freundlich ein
zum Heiland, der stets angenommen,
die sich im Glauben zu ihm nahn,
um ewges Leben zu empfahn.

Es lohnet sich das Werk des Herrn.
Noch kann das Gottesreich gewinnen;
noch können Sünder, nah und fern,
der Sünde und dem Tod entrinnen.
Noch währt die schöne Gnadenzeit,
noch ist für alle Heil bereit.

Es lohnet sich zu ziehn hinaus,
um Gottes Wort, den Lebenssamen,
zu streun mit vollen Händen aus
in Gottes und in Jesu Namen.
Noch wirkt das Wort, die Gotteskraft,
die aus dem Tode Leben schafft.

Es lohnet sich, sein Haus und Herz
der frohen Botschaft zu erschließen,
und, statt zur Hölle, himmelwärts
zu wandern und den zu genießen,
der sich als wahres Lebensbrot
aus Liebe allen Menschen bot.

Es lohnet sich, mit Leib und Seel
dem guten Hirten anzuhangen,
und ihm, der einst an unsrer Stell
am Stamm des Kreuzes hat gehangen,
zu folgen treu und unverrückt,
bis man in Salem Rosen pflückt.

Es lohnt sich nicht, mit Hohn und Spott
zu lästern Gottes Wort und Namen,
zu trotzen dem allmächtgen Gott,
zu säen bösen Unkrautsamen,
der tausendfältge Früchte bringt,
wenn einst der Tod die Sense schwingt.

Es lohnt sich nicht, der Jugend Kraft
im Dienst der Sünde zu vergeuden,
und seinen besten Lebenssaft
zu opfern eitlen Erdenfreuden,
und schließlich, wenn's zu Ende geht,
als Sünder vor dem Richter steht.

Es lohnt sich nicht, die kurze Zeit,
die Gott zum Heil uns hat gegeben,
verscherzen, um in Ewigkeit
zu sein dem Satan übergeben,
der mit dem ganzen Höllenheer
verschlossen wird ins Flammenmeer.

Ebräer 11. (S. 66)

„Ebäer 11", so hört ich jemand sagen, „ist ein Kapitel, dem
der Schluß noch fehlt. Wie ist denn das? Wir neugierig gleich

265

fragen! Was wird denn in Ebräer 11 erzählt? Die Bibelkundigen besinnen sich und wissen, wovon es handelt: Sie möchten schon den ersten Satz nicht missen, weil er von Glauben spricht – und sagt, was Glaube ist. Die andern schlagen nach und werden bald in ihrer Bibel – ziemlich hinten – nach ein'gem Suchen glücklich finden Ebräer 11.

So so, ja ja – da steht's also, vom Glauben! – Nicht eine Meinung, nicht ein Für-wahr-halten oder Mundbekenntnis ist Glaube: „Der Glaube ist gewisse Zuversicht" – ein Überführtsein von dem Unsichtbaren, das ewig ist und ewig bleibt, wenn diese Welt vergeht mit großem Krach im Weltgericht.

Ja, Glaube! Kenn ich ihn aus eigenem Erleben?
Ist das mein Glaube, der hier wird beschrieben? Bin ich ein wahrer Christ? So soll sich jeder fragen, der liest – und wieder liest – Ebräer 11 Vers 1!

Doch diesem ersten Vers, der einzig schön uns sagt, was rechter Glaube ist, ihm folgen eine Reihe von Namen solcher Menschen, die in sehr verschiedenen Zeiten ein Glaubensleben führten und, trotz vieler Leiden, den Glaubenssieg erlangt: Das selge Ziel im ewgen Gottesreich.

„Die Glaubenshelden" sind gewohnt wir sie zu nennen, die hehre Schar, die eine „Zeugenwolke" im folgenden Kapitel vom heilgen Schreiber dieses Briefes wird genannt: Wir kennen sie und freu'n uns ihres Sieges!

Doch wenn wir nun die Reihe dieser Helden genau uns ansehn und beschreiben wollten, das gäb ein dickes Buch: Es kann deshalb nicht sein. Wir zählen deshalb einfach ihre Namen von Abel bis Samuel, der etwa 16 sind. Dazu noch kommen die Propheten und eine weit're Schar von ungenannten Größen, die viel erreicht und viel erlitten haben: Es waren Menschen, der' die Welt nicht wert!

Sie haben alle Zeugnis überkommen durch den Glauben und gingen selig heim, obschon sie den verheißnen Retter, Jesus, nicht gesehen. Wie groß mag diese Schar wohl sein? Und was bedeutete für sie der Sieg von Golgatha? die Auferstehungstat am Ostermorgen und Jesu Himmelfahrt? Unstreitig große Freude, reichlichen Gewinn!

Doch zur Vollendung sollen sie erst kommen in seliger Gemeinschaft mit den Vielen, die noch hinzugehören zu Ebräer 11, und die den Schluß dann werden bilden, der heute noch an dem Kapitel fehlt.

Wie wichtig ist demnach doch für uns alle die Zeugenwolke, diese Schar der Helden, die durch den Glauben Zeugnis überkommen, gelandet sind in selger Gottesruh! wo sie auf uns mit heilger Sehnsucht warten, zu ihrer eigenen Vollendung warten, bis herzugebracht das letzte Gotteskind.

Was soll und muß denn nun die erste, größte Sorge sein für dich und mich, die wir im Erdental noch wallen hinan zur Ewigkeit? Daß dieser Glaube, wie er ist beschrieben Ebräer 11 Vers 1, nun wirklich unser Glaube sei? Und also dann den Schluß, der jetzt zum Teil noch fehlet, wir bilden, den Schluß der Heldentafel in Ebräer 11.

Ein Nachtgesicht. (S. 68)

Es war ein Traum, ein lieblich Nachtgesicht, von Gott mir zugesandt, in jener Nacht, als deutlich ich den blauen Himmel sah, mit Sternen übersät, die plötzlich blitzesschnell gleich einem Bienenschwarm, kraus durcheinander flogen, bis sich daraus gestaltete in wunderbarer Schnelligkeit die Form eines siegesstolzen Löwen, der aufgerichtet stand im goldnen Sternenmeer.

Voll Spannung schaut ich hin – und siehe da, das Bild ward aufgelöst von einem starken Sturm, der alle Sterne brachte erneut in eine mächtige Bewegung, bis sich entwickelte das Bild von einem großen starken Tier, das seitlich vor mir stand, dem Parder gleich – so recht ein Bild der Macht.

Doch auch dies Bild war nur von kurzer Dauer und ward – gleich wie das erste – urplötzliich aufgelöst; und wieder glich das Sternenmeer dem lust'gen Bienenschwarm, der ausgeflogen ist und eine Stätte sucht, die ihm geschickt erscheint zur Sammlung und zur Ruhe.

Da – welch ein Staunen plötzlich mich ergriff, als vor mir stand in lichter Herrlichkeit der „Menschensohn" am blauen Himmelszelt in nie geahnter königlicher Pracht! Nur ein Moment – es löste sich das Staunen in helle Freude, Siegesjubel auf.

Ich war nicht mehr allein: Die Menschen alle – gar wunderseltsam – regten sich, und aus der Menge, gar mächtig angezogen, gleichwie von einem riesigen Magnet, die Gläub'gen alle nach der Heimat flogen, zu sammeln sich um Jesu Majestät, wo dann begann ein seliges Begrüßen in frohbewegter, wonnetrunk'ner Schar.

Gottlob! auch ich, auch ich war mit entrückt der dunklen, kalten Erde, und durfte mit mich freun und dankbar blicken auf des Weg's Beschwerde und – selig sein! O, welche Ruhe!

Welche Sicherheit! Wie wohl, wie unbeschreiblich wohl mir war!

Ja – war! Denn plötzlich wurd ich wach; und sieh – es war ein Traum, noch nicht die Wirklichkeit! Das war mir leid; ich mußt' mir Mühe geben, um wieder mich zurecht zu finden in dieser armen Erde Kampf und Streit. Doch es gelang: Es sind verflossen schon seit jener Nacht verschiedne Jahre meiner Pilgerschaft. Ich bin noch hier. Wie lang noch, weiß ich nicht. Doch jener Traum, das liebliche Gesicht, ist unvergeßlich mir, weshalb ich's niederschrieb.

Ich bin nun zwar kein Träumer von Beruf, versteh mich auch aufs Träumedeuten nicht; und dennoch muß ich machen den Versuch, etwas zu lernen aus dem Traumgesicht.

Zuerst beachtet sei die Reihenfolge der Tiere, wie sie mir erschien bei Nacht im Traum. – Gewaltig, majestätisch, wie sie waren: sie machten bald dem „Menschensohne" Raum. – –

Gott Lob und Dank! Die Reiche dieser Welt mit ihrem Tiercharakter, so imposant sie auch sich je und je erhoben: sie werden einst, zertrümmert und zerschellt, wie Spreu in alle Winde sein zerstoben. Und dann wird offenbar das Königreich des Herrn, das ewig währt!

Doch weiter stimmte mich zu inn'gem Dank der Umstand noch, daß alle Gotteskinder werden hingerückt, um bei dem Herrn zu sein. Keins ließ sich halten von der Erde, noch sah zurück, wie einst Frau Lot aus Sodom, die zu Salz erstarrte: Sie waren alle da, es fehlte keins!

Wohl darum allen, die in Jesu sind geborgen! In denen wohnt der heilge Gottesgeist: Sie dürfen sein getrost und ohne Sor-

gen, weil seiner Hand kein Schäflein je entreißt der Höllen-
löwe, der als grimm'ger Feind der Gotteskinder stets die Erd
umkreist. Sie sind geborgen in dem festen Schloß des Namens, den kein Geschoss, kein Feuerpfeil durchdringt, geborgen in der starken Hand des Siegers, der alle – auch den
letzten Feind – bezwingt!

Ein Nachtgesicht. (S. 70)

Irgendwo im Weltall stehend, sah ich jüngst die Erde in dich-
te Nebelmassen eingehüllt, gar schnell von West nach Ost
sich drehen, und an der Aufstiegseite winzig kleine Mensch-
lein – Kindlein – nach ihr streben, die massenhaft sich an dieselbe hingen, um mitzufahren durch den weiten Raum.

Doch als ich länger zusah, mußte ich gewahren, daß ihre Rei-
se war von kurzer Dauer, denn an der Abstiegseite, nach dem
Osten, flogen sie in Menge, groß und klein, vom Erdball,
durch die schnelle Drehung losgelöst, hinaus in die Unend-
lichkeit des Raumes und entschwanden meinen Blicken.

Von dem so geschauten Schicksal aller Erdbewohnern tief
ergriffen, mußt ich seitdem des Anblicks oft gedenken und
fühlte stark den Trieb, ihn festzuhalten durch die Nieder-
schrift.

Doch warum will und kann ich denn dies Schauspiel nicht
vergessen? Warum bewegt es mich in stillen Stunden stets
aufs neue? Die Antwort dürfte sein nicht allzuschwer. Ist's
doch mein eignes Schicksal, was ich schaute, und deines
ebenso, der du dies jemals lesen solltest!

Doch nicht nur du und ich sind dieses Loses sicher. Nein Jeder Mensch, des Herz zu irgend einer Zeit an irgend einem Fleck der Erd' zu schlagen je begann, fiel oder fällt in Zukunft diesem Schicksal sicherlich anheim: Er kommt, wird sichtbar und verschwindet wieder, so daß kein Erdbewohner weiter um ihn sorgt.

Allein damit ist unser Dasein und der Zweck desselben nicht erklärt, auch nicht befriedigt unser sinnender Verstand: Was folgt darnach? so fragt im Innersten des Menschen eine Stimme. Sind sie, die so der Sichtbarkeit entflohn, nun wirklich nicht mehr da? Hat aufgehört das Sein der Vielen, die im Raum verschwanden? Und werde ich demnächst auch nicht mehr sein? Wird nirgendwo 'ne Stätte meiner warten, wo meines Bleibens ist und sich fortsetzt mein Sein? Gibt's für mich gar kein Ziel?

Ich zweifle daran nicht. Denn wer als Mensch zur Erde kommt, der bleibt in Ewigkeit und hört, wenn er die Erd' verlassen, zu existieren niemals auf. Er bleibt nicht nur, er wird auch weiter noch gedeihn, zu der Vollendung hin, für die er sich entschied.

Hieraus ergibt sich nun für dich und mich die Frage: Was ist mein Ziel? Wofür entschied ich mich? Ist mir noch wohl im niedern Sündenleben, wo hingeopfert wir die Zeit, die Kraft dem Gott der Welt, der in der Finsternis die Herrschaft übt, hinabzieht in das graus'ge Reich der Nacht? Ist noch mein Platz auf Spötterbänken, an Orten, wo der Tor sich weise dünkt, die Ewigkeit, den heilgen Gott verlacht?

Denk drüber nach! – Noch ist es Zeit, die Seligkeit durch Buße und durch Glauben zu erlangen! Willst du nicht mit, nicht hin zu dem Erbarmer, der auch dereinst als Kind zur Erde kam, der für dich litt und starb, den Tod besiegte und gen Himmel fuhr? Soll dir umsonst das Heil verkündigt werden? Willst du verloren gehen? O laß dir raten heute noch von dem, der einzig Rat nur weiß, der dich von Herzen liebt, der einst mit blutgem Schweiß um deine Seele rang dort in Gethsemane!

Eh' du es ahnst, rückt auch für dich heran, die heilig ernste Stunde, der Augenblick, wo du hinweggeschleudert von dieser Erde wirst, wo all dein Erdenhoffen jäh ein Ende find't. Drum laß dich bitten, laß dich heute warnen, derweil du mit noch fährst, noch an der Erde haftest! Noch währt die Gnadenzeit! Gar bald ist sie dahin! Benutze sie, damit du nicht am Ende deiner Fahrt ohn' Hoffnung hinfährst in die ew'ge Nacht und dich im Höllenabgrund wiederfindest! Zwei Ziele sind's, für die auf Erden reifen wir Menschen allzumal: Das Gottesreich, wo ew'ger Friede wohnt, der Feuersee, der Ort der ew'gen Qual.

Abschied von den Gästen im Haus ‚Immanuel', Lippspringe. (S. 72)

So lebt denn wohl ihr Lieben,
lebt wohl, lebt wohl im Herrn!
Ich wäre noch geblieben
in eurem Kreise gern!

Ich wollte viel noch sagen
vom heilgen Gotteslamm,
das für uns ward geschlagen
einst an des Kreuzes Stamm!

Noch weiter wollt ich zeugen
von Jesus, meinem Herrn,
der allen sich zu eigen
will geben – o, so gern.

Ich wollte betend ringen
um jede Seele hier;
in heißer Liebe zwingen
sie alle, Herr, zu dir!

Ich wollte sein beim Scheiden,
was Paulus frei bekennt,
als er von den Gemeinden
dort in Milet sich trennt.

Lest's nach, was er geschrieben
in der Apostel Buch
im zwanzigsten Kapitel
Vers sechsundzwanzig sucht's.

Ich wollte sagen können,
dass rein von aller Blut
vor meinem Herrn ich stehe,
wenn ihr nicht Buße tut!

Ja, rein von aller Blute,
wie er, so möcht ich sein,
wenn einer von den Gästen
einst sollt nicht selig sein!

Doch nun ist sie verflogen,
die kurze, schöne Zeit,
derweil wir weiter zogen
hinan zur Ewigkeit.

Ein jeder Pulsschlag führte
ein Stücklein Leben fort
und mahnte uns zu achten
auf Moses ernstes Wort!

Das Wort, wir kennen's alle,
es klingt so wunderbar!
Im zwölften Vers, Psalm neunzig,
da finden wir's fürwahr!

Es redet von der Klugheit,
die jedem wird geschenkt,
wenn er beizeiten ernstlich
ans letzte Stündlein denkt!

Doch was ich wollt und konnte,
es war gar wenig nur;
obschon ich gerne folgte
des großen Meisters Spur.

Ich möchte drum beim Scheiden
von diesem schönen Ort
recht herzlich alle bitten:
Lest fleißig Gottes Wort.

Und trachtet stets auf Erden
nach Gott und seinem Heil,
so wird euch allen werden
Marias gutes Teil.

Dann sehen wir uns wieder
vor Gottes heilgem Thron
und singen Jubellieder
dem Vater und dem Sohn.

Schlußwort. (S. 75)

Zum flüchtgen Gruß wir Menschenkinder
begegnen uns und gehen davon.
Der eine mehr, der andre minder
ist dem Gedächtnis bald entflohn.
Doch was wir uns einander geben
in Wort, im Blick, im Druck der Hand,
das gehet mit durchs ganze Leben,
verläuft sich nimmermehr im Sand.
Es ist ein Same, den wir säen,
der seine Keimkraft nie verliert,
von dem wir später Ernte mähen,
wie weit ihn auch der Sturm entführt.

Ist gut der Same, den wir streuen,
derweil wir ziehn durchs Pilgertal,
wird uns die Ernte einst erfreuen,
wenn sie gereift im Sonnenstrahl.
Ist's aber Unkraut – dann o wehe!
wenn uns der Tag der Ernte kommt!
Ein jeder darum sorgsam säe,
was ihm und andern nutzt und frommt.
Zu spät wird mancher es erkennen,
daß zum Verderben er gesät,
und wird sich einen Toren nennen,
wenn er von dieser Erde geht.

Nur arme Worte, schlichte Zeilen
entströmten meines Herzens Quell,
um meinen Leser mitzuteilen
ein wenig Brot für Leib und Seel.
Ich fühl es tief, wie unvollkommen

mein Zeugnis von der Gnade ist,
und will deshalb zu Nutz und Frommen
noch einmal zeigen Jesus Christ
als den, der einzig kann belehren
uns Menschen zur Gottseligkeit,
der alle, die sich zu ihm kehren,
beglückt in Zeit und Ewigkeit.

Zu seinen Füßen setzt euch nieder,
und lauschet seinem heilgen Mund!
Hier findet ihr euch selber wieder
und einen festen Ankergrund
für eure Seele, die sonst nirgends
zur Ruhe kommt und stille wird,
bis sie in Jesus den gefunden,
der alle sucht, die sich verirrt.
Er wird euch geben Lobgesänge
ins Herz schon hier im Jammertal,
euch hören lassen Heimatklänge
und Jubellieder ohne Zahl.

Mit diesem Wunsche will ich schließen
mein Liederbuch, so schlicht und klein.
Es möge aus ihm sich ergießen
der Segen Gottes, hell und rein.
Daß niemand fehle in der Menge,
die vor dem Thron des Lammes steht
und ewig ihre Lobgesänge
dem darbringt, der so hoch erhöht,
der wartet, bis zu seinen Füßen
darniederliegt der letzte Feind,

und den anbetend alle grüßen,
die seine Liebe hier vereint.

Robert Kaiser, Pilgerklänge

Inhalt